书山有路勤为泾,优质资源伴你行
注册世纪波学院会员,享精品图书增值服务

数字化
转型指南

星展银行如何成为"全球最佳银行"

[英] 罗宾·斯佩克兰（Robin Speculand）著

陈劲 庞宁婧 译

WORLD'S
BEST
BANK

A Strategic Guide to Digital Transformation

电子工业出版社
Publishing House of Electronics Industry
北京·BEIJING

World's Best Bank: A Strategic Guide to Digital Transformation

By Robin Speculand

Copyright © 2021 by Robin Speculand.

All Rights reserved.

Simplified Chinese translation edition copyright © 2023 by Publishing House of Electronics Industry Co., Ltd

No part of this book may be reproduced or utilized in any form or by any means, electronics or mechanical, including photocopying, scanning, recording, or by any information storage and retrieval system, without the prior permission in writing of the publisher.

本书中文简体字版专有翻译出版权由Robin Speculand授予电子工业出版社独家出版发行。未经许可，不得以任何手段和形式复制或抄袭本书内容。

版权贸易合同登记号　　图字：01-2023-0983

图书在版编目（CIP）数据

数字化转型指南：星展银行如何成为"全球最佳银行" /（英）罗宾·斯佩克兰（Robin Speculand）著；陈劲，庞宁婧译. —北京：电子工业出版社，2023.7

书名原文：World's Best Bank: A Strategic Guide to Digital Transformation

ISBN 978-7-121-45399-1

Ⅰ. ①数… Ⅱ. ①罗… ②陈… ③庞… Ⅲ. ①数字技术—应用—商业银行—案例—新加坡 Ⅳ. ①F831.2-39

中国国家版本馆CIP数据核字（2023）第062457号

责任编辑：袁桂春
印　　刷：涿州市京南印刷厂
装　　订：涿州市京南印刷厂
出版发行：电子工业出版社
　　　　　北京市海淀区万寿路173信箱　邮编100036
开　　本：720×1000　1/16　印张：13.5　字数：154千字
版　　次：2023年7月第1版
印　　次：2024年12月第7次印刷
定　　价：88.00元

凡所购买电子工业出版社图书有缺损问题，请向购买书店调换。若书店售缺，请与本社发行部联系，联系及邮购电话：（010）88254888，88258888。

质量投诉请发邮件至zlts@phei.com.cn，盗版侵权举报请发邮件至dbqq@phei.com.cn。

本书咨询联系方式：（010）88254199，sjb@phei.com.cn。

你不需要数字化战略,你需要数字化世界的战略。

——罗宾·斯佩克兰

赞誉

世界各地的许多领导者都在努力应对组织数字化转型带来的挑战。在罗宾的新书中，他分享了星展银行是如何彻底改变组织的各个部分的，并展示了数字化转型所需的不同活动是如何结合在一起的。我建议任何参与数字化转型的领导者都来阅读这本书，它不仅可以帮助避免常见的错误，还可以应用于最佳实践。

——哥伦比亚大学商学院副教授，畅销书《拐点》作者
丽塔·麦格拉思

我对了解支撑数字化变革的人类变革十分感兴趣。很高兴看到罗宾将变革中用到的工具带到生活中。这本书完美地呈现了领先的数字化转型成功背后的故事。

——思科EMEAR企业团队教练　吉恩·麦卡斯尔

罗宾在这本书的写作过程中进行了详细的采访。他做了一件了不起

的事情，捕捉了这么多人的声音，分享了世界最佳银行星展银行的数字化转型之旅。相信很多公司都会从星展银行的转型故事中受益。

罗宾不仅认识到技术和人才对银行成功实现数字化转型的重要性，还认识到在银行的领导团队和所有员工、合作伙伴与客户之间建立信任的重要性。这本书可以让人生动地了解星展银行的数字化转型之旅。

——新加坡管理大学李光前商学院金融学（实践）荣誉教授　孔安妮

这本书将指导领导者对组织数字化转型进行思考。虽然每一次转型都是独一无二的，但有共同的经验教训。罗宾成功地在字里行间传递了星展银行数字化转型成功的经验。

——渣打银行数字化解决方案董事总经理　林卡伦

这本书巧妙地讲述了星展银行是如何从一家本地银行转型成为世界最佳银行的。这本书行文流畅，为读者呈现了来之不易的独到见解和使传统组织向数字化驱动转型的最佳实践。无论你已经是数字化转型的领导者还是想成为数字化转型的领导者，你都可以通过应用罗宾的现实经验和建议来清除障碍，避免陷阱。

——《纽约时报》畅销书作者和全球客户服务思想领袖　罗恩·考夫曼

在这本书中，罗宾将他对转型成功的毕生追求提升到了一个新的高度。我们早就知道，转型在任何情况下都是困难的。随着世界的联系越来越紧密，数字化转型要求企业以一种更有活力、响应更快的方式设计和交付战略。

数字化转型不仅仅是将过去所做的事情数字化。它需要对运营的数字环境有细致入微的理解，并利用数字技术在组织内部培养敏捷和响应能力，以在不断变化的数字生态系统中与时俱进。值得庆幸的是，罗宾在这里向我们展示了如何做到这一点。

——杜克大学富卡商学院教授　托尼·奥德里斯科尔

在一个不断变化、越来越具有颠覆性的商业环境中，罗宾的新书为任何公司制定数字化转型战略路线提供了复杂的工具和成功的因素。星展银行数字化转型的成功故事为转型领导者树立了一个理想的标杆。

——莱佛士码头资产管理私人有限公司首席执行官　本·罗宾逊

战略实施和数字化专家罗宾·斯佩克兰将世界最佳银行星展银行的数字化转型惊人之旅带到了现实生活中。罗宾的叙述引人入胜，这与许多组织今天面临的挑战完全相关。对于那些正在转型的企业来说，这本书就像一本实用的操作手册。事实上，这是我读过的第一本解释如何利用数字化实现企业转型的书。

这是一本独特、优秀的作品，是商业领袖的必读书目。

——PWI首席执行官，《内部CEO：激发各级领导者的积极性》作者

杰里米·布莱恩

组织，尤其是航空公司目前正面临挑战。其中一个关键挑战是它们如何应对数字化。罗宾根据星展银行的故事和经验编写了这本权威的战略指南。我建议所有领导者都去读一读。

——SimpliFlying创始人兼首席执行官　沙尚克·尼加姆

罗宾对战略实施及帮助领导者和组织从最佳实践中受益充满热情。在这本书中，他呈现了星展银行引人注目的转型故事，并清晰地阐述了其构建模块。

——新加坡航空公司客户服务及运营部高级副总裁　陈名洪

千百年来，人类一直在伟大而迷人的故事中提炼智慧，扩大洞察。在商业世界，星展银行近些年来取得的成就就是一个这样的例子。对我来说，正是这个重塑银行业的故事，再加上罗宾·斯佩兰德引人入胜的叙述，让这本书非常有吸引力。

——畅销书《人才经济学》和《面向未来的组织》作者　吉安·纳格帕

前言

在2017年出版的《卓越执行力》（Excellence in Execution）一书中，我第一次详述了新加坡星展银行正在发生的显著转型。星展集团首席执行官高博德贴心地为那本书写了序言。星展银行的数字化转型作为成功案例研究，从此收录在我的专业领域——战略实施中。我还与新加坡管理大学共同发表了一篇关于该银行案例研究的文章。当时，星展银行刚刚获得了《欧洲货币》杂志颁发的首届世界最佳数字银行奖。

本书的挑战在于如何呈现这种非凡的数字化转型。本书反映了推动星展银行转型为世界最佳银行的热情和复杂性，同时为数字化转型提供了战略指南。

本书展现了星展银行是如何在文化、员工、技术、运营、业务乃至客户等层面进行转型的。今天，这家银行还在继续努力成为一个技术型组织。

本书是为那些希望学习并效仿世界一流数字化转型企业的领导者准备的。正如读者将要读到的那样，我深入研究了数字化转型的所有领域,并建议读者重点关注与之最相关的领域。例如,深入研究技术的重新架构可能还不如深入研究如何采用设计思维服务客户那样与读者相关。

我与高博德的联系始于20世纪90年代,当时我们都在花旗集团工作。他在2009年接管星展银行,之后,该行成功实施了"亚洲浪潮"战略,这是三个战略中的第一个战略。

第二个战略是"数字化浪潮"战略,这也是本书的重点。鉴于大约2/3的数字化转型都失败了,我重点介绍了星展银行的经验教训、最佳实践和成功秘诀,读者可以在自己的转型中借鉴这些经验。在解释具体战略原则的部分中,读者可以找到企业数字化转型时需要考虑的系列问题。我在2018年年底开始着手撰写本书。2020年年初,我刚刚写完初稿,世界发生了翻天覆地的变化。于是,我推迟了本书的出版时间,详细地介绍了星展银行如何应对新冠疫情大流行及其第三个战略——"可持续发展浪潮"战略。

本书将带领读者了解星展银行的转型经验和故事。读者可以发现它是如何克服组织中的诸多困难的,并了解那些能够被应用到其他组织的最佳实践。

在成为世界最佳银行的过程中,星展银行在创新方面实现了多项第一:

- 成为世界上第一家在12个月内获得全部三项世界最佳银行称号的银行,分别由《欧洲货币》、《银行家》和《环球金融》颁发。
  (在银行业,这相当于一部电影获得了三项奥斯卡奖——最佳电影、最佳导演和最佳男演员。)
- 成为第一家明确如何使用计分卡捕捉数字化价值的银行。
- 2016年,获得《欧洲货币》杂志颁发的首届世界最佳数字银行奖。
- 2017年,推出全球最大的开放银行API(Application Program

Interface）平台。

- 开放全球首个在线金库和现金管理模拟平台。
- 2017年，推出全球首个校内使用可穿戴技术的储蓄和支付项目。

2019年，星展银行被《哈佛商业评论》评为过去10年二十大商业转型案例之一。高博德还入选了《哈佛商业评论》2019年"全球百佳首席执行官"榜单，这是《哈佛商业评论》每年评选的全球顶级首席执行官名单。

研究和讲述星展银行的成功故事是一件令人愉快的事情。本书中所表达的观点仅为本人观点，与星展银行及其员工、关联公司或其他团体和个人无关。

本书是支持数字化转型的平台体验的一部分，读者可以在附录或相关网站中查看更多资源。

希望读者能在本书中感受到这段非凡旅程的热情。最重要的是，我希望它能引导你们获得组织转型的成功。

罗宾·斯佩克兰

全球战略与数字化实施先锋

目 录

第一章　来自海滩的战斗呐喊　/ 001

第二章　三大浪潮战略简介　/ 007

第三章　亚洲浪潮战略　/ 015

第四章　数字化浪潮战略　/ 025

第五章　数字化浪潮战略的第一个原则：数字化　/ 031

第六章　改变技术的DNA　/ 041

第七章　星展银行数字化转型的最佳实践　/ 047

第八章　数字化浪潮战略的第二个原则：融入客户旅程　/ 057

第九章　以客户为中心　/ 059

第十章　客户旅程案例　/ 071

第十一章　建设生态系统　/ 089

第十二章　生态系统案例　/ 099

第十三章　客户的信任　/ 109

第十四章　数字化浪潮战略的第三个原则：设计文化并像创业者一样思考　/ 117

第十五章　敏捷方法　/ 125

第十六章　学习型组织　/ 135

第十七章　客户导向　/ 145

第十八章　数据驱动　/ 151

第十九章　尝试并承担风险　/ 167

第二十章　可持续发展浪潮战略　/ 177

第二十一章　应对新冠疫情大流行　/ 191

附录A　/ 200

致谢　/ 203

第一章
来自海滩的战斗呐喊

高博德在泰国普吉岛分享了他对星展银行的新愿景。2014年，星展银行的这位首席执行官将管理团队召集在一起，回顾了银行的成功历程，并提出了新的发展战略。

高博德于2009年年底加入星展银行，出任集团首席执行官。2010年，他的管理团队针对亚洲市场推出了名为"新亚洲的首选亚洲银行"（Asian Bank of Choice for the New Asia）的新战略。这个五年战略的重点不在于成为国内领先的银行，也不在于成为国际性的银行。相反，它的目标是在两者之间占据最佳位置，并将银行运营标准提升至国际水平。值得注意的是，这一五年战略提前12个月得到了落实。

高博德在普吉岛的海滩上开始了他的演讲，并回顾了星展银行在他的管理下取得的成功。到2014年，星展银行已经实现了所有的关键目标：在新亚洲地区被评为亚洲最佳银行；在客户服务方面排名第一；获得新锐科技创新奖；被公认为亚洲的思想领袖。

但这仅仅是个开始。高博德曾与时任阿里巴巴首席执行官的马云会面。这场长达一小时的有趣会面让他相信，中国正在形成一股潜在的"破坏性旋风"，颠覆着银行业的运作方式。这让他意识到，星展银行只有制定新的战略，才能在不断变化的数字战略格局中保持竞争力。

当时，星展银行的年度董事会刚刚在韩国召开，而韩国在使用移动应用程序、提供前沿技术方面正处于领先地位。董事会成员和管理层在这次访问中花了一些时间研究移动应用如何更好地为银行业务服务。

此外，被评选为亚洲最佳银行，也鼓励星展银行的管理层采取更加积极的态度来决定其新战略可能实现的目标。基于可预见的、充满不确定性的未来，他们设定了一个"宏伟而大胆的目标"——到2020年3月成为世界最佳银行。在普吉岛的海滩上，高博德举起一份报纸，上面一篇文章的标题写着"星展银行是世界最佳银行"。实现这一目标意味着星展银行将再也无法借鉴其他银行的做法，每个员工都要为这个积极的愿景做出不懈努力。它要求制定并落实让星展银行与其他银行不同的有效战略。对于星展银行来说，这意味着要改变客户对银行业的看法——"让银行业务充满乐趣"（Make Banking Joyful）——这就是新的战斗呐喊。

> 实现这一目标意味着星展银行将再也无法借鉴其他银行的做法，每个员工都要为这个积极的愿景做出不懈努力。

让银行业务充满乐趣

星展银行的管理层认识到，"钱财为生活增色"是一个强有力的口号。但他们也认识到，这句话可能很快就会变得平淡无奇——太普通了。因为人们往往会忽视银行业，甚至认为其给生活带来了负面影响。所以，管理层尝试思考"有使命感的银行"会是什么样子的。

2008年全球金融危机之后，很多人开始不信任银行，甚至称银行是他们的"痛苦之源"。当时的研究表明，71%的人宁愿做根管手术，也不愿和银行打交道！管理层提出的问题不是"星展银行应该做什么"，而是"我们如何让客户与银行打交道变得轻松、有趣、方便"，从而使客户意识到银行为他们的业务和他们本人带来的价值，以及为社会做出的贡献。

> 管理层提出的问题不是"星展银行应该做什么",而是"我们如何让客户与银行打交道变得轻松、有趣、方便"。

星展银行的团队聚焦于如何"让银行业务充满乐趣",而不是给人带来痛苦。

在普吉岛会议期间,全球正在发生几个重要且相关的战略性变化,包括:许多正在"分拆"银行业务的新入局者;新技术被用来提高客户期望;供应商管理的技术堆栈成本过高;东方的腾讯和阿里巴巴、西方的谷歌和亚马逊等全球化平台巨头的崛起。

由于众多新技术的出现,"让银行业务充满乐趣"的手段也在迅速演变。星展银行的管理层认识到,通过利用这些新技术,他们可以让银行对客户"隐身"。这反过来也会为客户在与银行打交道时创造愉快互动的机会,并最终在整个银行之旅中体验到一种幸福感和内心的平静。

> 星展银行的管理层认识到,通过利用这些新技术,他们可以让银行对客户"隐身"。

四个主题

在发起"让银行业务充满乐趣"的战略时,这四个主题支撑了星展银行的转型。

1. 转型议程是目标驱动的。在星展银行，"让银行业务充满乐趣"是每个人思考和行动的出发点，激励和驱动着银行的每个部门采取正确的行动来实施战略。

2. 数字化转型不仅关乎技术。数字化转型不仅涉及技术，还需要考虑人的变革，在这两方面都要付出努力。星展银行还必须考虑其他一些因素，如人力资源、客户体验、组织文化，以及理想的工作方式。今天，在硬件和软件两方面取得平衡是公认的转型成功因素，但在2014年并非如此。

3. 星展银行从一开始就对整个组织进行了彻底的数字化转型。当时，很多组织从一个部门开始数字化，或者有一个臭鼬工程项目（一小群人在主业之外从事项目创新）。星展银行关注整个组织的变革，认为年长员工和年轻员工都能驾驭变革。正如高博德所指出的那样，并不需要推迟年长员工采用新技术的时间。因为他们的个人生活在不断改变，他们的职业生活也在随之改变。因此，在每个人都平等地应对变革的情况下，星展银行避免了在年轻员工和年长员工之间制造鸿沟。

4. 业务就是技术，技术就是业务。在星展银行，不再区分前台、中台和后台部门，那是过去的范式。如今流行的是让银行为客户提供综合服务。打破前台、中台和后台之间的界限，是银行传统运营方式的重大转变。

> 如今流行的是让银行为客户提供综合服务。

早期认可——获得2016年世界最佳数字银行奖

早在2016年，星展银行就因数字化转型的进展而获得认可。

被《欧洲货币》杂志评为世界最佳数字银行，令星展银行的很多员工感到意外。当时，管理层认为星展银行处于行业前沿，但还不一定是最好的。该奖项表彰了星展银行的转型历程，它调动起每个员工为实现其共同愿景的积极性，极大地鼓舞了员工的士气，使转型过程变得更加容易继续下去。

2018年，星展银行提前两年实现了在普吉岛提出的成为世界最佳银行的战斗呐喊，成为全球公认的"世界最佳银行"。星展银行成为全球唯一一家在12个月内同时获得由《银行家》、《环球金融》和《欧洲货币》评选的三项最负盛名的最佳银行奖项的银行。

此后，星展银行连续三年被多家出版物评选为"世界最佳银行"。

第二章

三大浪潮战略简介

高博德领导下的转型战略的重点涵盖星展银行的三大浪潮战略：亚洲浪潮战略、数字化浪潮战略和可持续发展浪潮战略。

这三大浪潮战略之间的相互关系对该银行的成功至关重要。在每个战略的实施过程中，星展银行的管理层都努力确保使用正确的措施来跟踪绩效，并激励员工实施这些措施。

亚洲浪潮战略（2010—2014年）：成为新亚洲的首选亚洲银行。改进银行的运作方式，赶上中国发展的浪潮，并在一定程度上为随后的数字化浪潮战略奠定基础。

数字化浪潮战略（2015—2018年）：押注并抓住让银行业欣喜的数字化浪潮。这一战略的成功是本书的主要关注点。

可持续发展浪潮战略（2019年—未来）：解决不平等、新的社会规范和地球的未来等问题，因为这些问题正在变得越来越重要。

星展银行计分卡

星展银行在实施每个战略时，都采用平衡计分卡来设定目标、驱动行为、衡量绩效和确定薪酬。

衡量亚洲浪潮战略

在亚洲浪潮战略的实施过程中，星展银行的平衡计分卡由三类传统关键绩效指标组成。

1. 股东指标。侧重于实现可持续增长和衡量财务结果。关键绩效指标包括收入增长、费用相关比率和股本回报率。星展银行还衡量了与风险相关的关键绩效指标，以确保星展集团的收入增长与承担的风险水平相平衡。控制和合规关键绩效指标也是本节的重点。

2. 客户指标。侧重于将星展银行定位为客户首选银行。客户指标包括客户满意度、客户关系深度和品牌定位。

3. 员工指标。侧重于将星展银行定位为员工首选雇主。员工指标包括员工敬业度、培训、流动性和流动率。

战略重点也在平衡计分卡上，列出了银行打算在12个月内完成的计划。作为实现其战略目标的长期旅程的一部分，它为九大战略优先事项和其他重点领域制定了具体的关键绩效指标与目标。

衡量数字化浪潮战略

在实施初期，星展银行必须找到衡量数字化转型价值的方法。此外，当星展银行开始实施数字化浪潮战略时，管理团队意识到，他们无法向分析师或股东展示拥有数字化客户带来的价值。

该团队专注于找出在数字化领域活跃的客户与不活跃的客户之间的区别。他们预测，与不活跃的客户相比，该银行将从收入、费用和回报角度实现改善的结果。为了证实这一猜想，星展银行需要采取新的措施来跟踪客户的数字化活动。这使得星展银行成为世界上第一家明确如何捕捉数字价值创造的银行。

在实施数字化浪潮战略的前三年，该团队证明，当客户在数字化领域变得活跃时——也就是说，他们超过一半的银行活动都是数字化的——他们与银行的互动"达到了顶峰"。他们查看账户余额的次数、支付的次数以及进行相关活动的次数都增加了。事实上，无论是个人客户还是中小企业客户，他们的相关活动次数增加到了16次，甚至60次。

令人印象深刻的是，在这三年时间里，中小企业客户的业务总额增加了一倍多。更令人印象深刻的是，总体而言，数字化客户创造的收入是传统客户的两倍。

> 令人印象深刻的是，在这三年时间里，中小企业客户的业务总额增加了一倍多。更令人印象深刻的是，总体而言，数字化客户创造的收入是传统客户的两倍。

与此同时，随着一切都开始数字化，运营成本开始降低。星展银行专注于创建直通式流程（Straight-Through Processes，STP）。2020年，该银行数字化细分市场的成本收入比比传统细分市场低30个百分点，这一差距在2019年的20个百分点的基础上继续扩大。

在数字化浪潮战略的实施过程中，可视化的成果和快速的投资回报激励星展银行投资了更多的活动。各种各样的活动使得更多的非数字化客户转化为数字化客户。到2020年年底，整个银行75%的客户互动都是数字化的。这一数字的增长在一定程度上受到新冠疫情流行和人们待在家里的影响。

星展银行还发现数字化带来的营收已经超过了其在这方面的投入。管理层意识到，客户认为与银行进行数字化交易比面对面交易更方便。这有助于衡量"钱包份额"。银行数字化带来的便利影响了客户的认知，这种心态上的转变类似于网上购物带来的影响。这符合人的本性。人们一旦开始在网上购物或使用网上银行，这种更加便利的流程就会进一步促使他们经常这样做。

> 星展银行还发现数字化带来的营收已经超过了其在这方面的投入。

"汤姆"还是"戴夫"

星展银行没有一直称客户为"传统客户"（Traditional，T）或"数字化客户"（Digital，D），而是用"汤姆"（Tom）来称呼传统客户，用"戴夫"（Dave）来称呼数字化客户。"戴夫"是根据他们最近12个月的活动来定义的：

- 通过数字渠道购买产品或进行细分市场升级。
- 通过数字渠道完成超过50%的金融交易。
- 通过数字渠道完成超过50%的非金融交易。

相比之下，"汤姆"更喜欢传统的银行业务。（在衡量这些交易时，银行排除了那些不能代表传统或数字化行为偏好的交易，如自动取款机或信用卡交易，因为它们无处不在。）

为了理解传统客户的银行行为，星展银行开发了一些工具来研究这些数据。此外，星展银行希望确保从"汤姆"到"戴夫"的行为变化是可持续的，因此它制定了一个标准，在12个月期间滚动衡量这种行为。在这段时间里，如果"戴夫"不再表现出数字化行为，他就变成了"汤姆"。

这种做法激励了所有的业务部门，确保它们专注于吸引新的"戴夫"，以及把"汤姆"变成"戴夫"，并保持它们的业务。

获取、交易、参与——ATE

2015年，每个业务部门都开始开发专属的方式来创造和衡量数字化行为。这指引着管理层开始关注获取、交易及参与情况，以确保衡量数字化浪潮战略的一致性。

获取（Acquire）：衡量利用数字渠道获取新客户和提升数字渠道份额方面的进展。

交易（Transact）：衡量通过无纸化和自动化确保即时履行方面的进展。

参与（Engage）：衡量在推动客户参与、转换和情境营销等方面的进展。

ATE在整个星展银行内部被称为"大型科技模式"（Big Tech Model）。

加入生态系统——EATE

随着2017年应用程序接口平台的推出，ATE平衡计分卡中加入了"E"（Ecosystems），用于跟踪生态系统的表现。这个由4部分组成的平衡计分卡衡量了在与星展银行生态系统合作伙伴建立和发展有意义的关系方面取得的进展。

平衡计分卡和年报

星展银行的年报中包含了平衡计分卡，在默认情况下，年报中也会分享其战略。银行管理层强烈认为，差异化不仅仅在于拥有一个战略，还在于拥有一个执行良好的战略。这是指整个组织团结起来，以客户为中心，拥抱新的思维方式、文化和方向。平衡计分卡设定了总体目标和具体目标，以及将战略落实到星展银行的各个业务部门的具体行动。平衡计分卡每年都会在12月底前进行更新，这样，每个业务部门就可以在1月1日前开始交付目标。平衡计分卡必须在得到董事会的批准后才能在整个组织内进行推广。它的目的是确保不同业务部门和支持职能部门的目标在整个银行内保持一致。

数字化浪潮战略的价值

多年来，星展银行的平衡计分卡中涌现出了以下几个主要的洞见：

- 从典型的数字化客户那里获得的收入是从典型的传统客户那里获得的收入的两倍多。数字化客户从2019年的330万人增加到2020

年的370万人。

- 数字化客户占银行总客户的比例从2015年的33%增长到2020年的78%。

- 数字化客户与传统客户的成本收入比差距从2019年的20%扩大到2020年的30%。数字化客户的交易次数是传统客户的16倍，甚至60倍，其账户余额更多，整体参与度也高于传统客户。

- 数字化客户的净资产收益率为32%，比传统客户的净资产收益率高10%。

- 2017年，星展集团净利润增长4%，至43.9亿新元（1新元≈5.1元人民币）。2018年，其净利润增长28%，至56.3亿新元。2019年，其净利润增长14%，至63.9亿新元。2020年，星展集团净利润为47.2亿新元。

- 2020年，星展银行总收入稳定在146亿新元。该银行在数字化转型方面的早期投资以及向目标驱动型银行的转变，支撑了该银行在这一充满挑战的年度的运营。

- 尽管面临诸多挑战，但该银行的拨备前利润在2020年创下了84.3亿新元的新高。这反映了其卓越的执行力。

第三章

亚洲浪潮战略

2010年，在加入星展银行仅仅几个月后，高博德就带着他的管理层进行了为期三天的"闭关修炼"，以制定新的战略。2010年的这次闭门会议制定的战略主要包括三个方面：

1. 新亚洲的首选亚洲银行——希望成为什么样的银行。

2. 九大战略优先事项。

3. 五大亚洲式支柱——差异化和竞争优势的主要领域。

新亚洲的首选亚洲银行

该战略确定了星展银行将如何成为新亚洲的首选亚洲银行。它既不是一家国内银行，也不是一家国际银行，它将占据两者之间的最佳位置，由此产生了一种不同于本土银行或全球银行的亚洲银行愿景。

通过专注于亚洲业务，星展银行将拥有超越本土银行的影响力和成熟度。其深刻的亚洲洞察力使星展银行有别于其全球竞争对手。

"新亚洲"是一个前瞻性的表述，星展银行认为亚洲正在变得更加成熟和自信。但是，该银行也不想忽视亚洲特有的价值观。

管理层还一致认为，星展银行必须在国内保持强势。如果不主导新加坡市场，怎么可能被称为一家强大的亚洲银行？

九大战略优先事项

在会议上，管理层确定了在三个不同领域的九大战略优先事项：

地域上

1. 巩固其在新加坡的地位。

2. 重新定位中国香港专营权。

3. 重新平衡业务的地域组合。

区域业务上

4. 在整个地区打造领先的中小企业银行业务。

5. 加强整个地区的财富管理能力，以更好地服务数量不断增加的潜在新客户。

促成因素

6. 在整个地区建立全球交易服务（Global Transaction Services，GTS）和司库客户业务。

7. 将客户置于星展银行业务体验的核心位置。

8. 关注流程、人员和文化的管理。

9. 加强技术和基础设施平台建设。

这些优先事项随后构成了集团计分卡的基础。"用亚洲方式管理银行"贯穿整个战略，并成为定义与客户和员工关系时的区分标志。该战略还使星展银行能够为客户提供独特的亚洲式洞见和设计解决方案，同时享受到与亚洲主要市场网络的无缝连接。

五大亚洲式支柱

星展银行脱颖而出的经验被总结为"五大亚洲式支柱"。

1. 亚洲式关系——星展银行力求体现亚洲式关系的要素。它认识到，人际关系有起伏和曲折。它从整体上看待人际关系，认识到并非每笔交易都需要盈利。在经济低迷时期，它始终支持客户。

2. 亚洲式服务——星展银行的服务精神建立在RED座右铭上，即尊重他人（Respectful）、易于合作（Easy to deal with）、稳定可靠（Dependable）。此外，还有谦逊服务和自信领导。

3. 亚洲式洞见——星展银行比其他银行更了解亚洲。它提供独特的亚洲式洞见，打造定制的亚洲式产品。它与客户的交流以屡获殊荣的研究为基础，这些研究提供了对亚洲市场和行业的洞见。

4. 亚洲式创新——星展银行不断创新业务模式以适应市场。它努力使银行业务更快捷、更直观、更具互动性。

5. 亚洲式互联互通——星展银行以跨地域合作的方式开展工作，为在亚洲地区不断扩大的客户群体提供支持。

该战略已提交董事会批准。董事会十分支持管理层，并批准了在中国发展贸易和开发新的技术基础设施等挑战事项。董事会承认，这些事项需要比以往承担更高的风险和投入更多的资金。

星展银行于2010年在上海开设了新办事处，启动了其在上海的新战略。这次活动凸显了该银行新的区域重点。该银行与分析师分享了战略和优先事项，并在实施过程中将结果与战略目标联系起来。

星展银行的管理层厘清了一些问题，如星展银行的成功应该是什么样的，如何才能实现战略，如何对战略成果进行排序，以及需要衡量哪些方面，等等。新的战略和高博德的管理为该银行带来了稳定性，也带来了一些成果。此外，新战略的推出也让员工有机会在接下来的几年里创造出不同的东西。

全球金融危机

2010年，世界开始从全球金融危机中复苏，让制定和实施该战略更具挑战性。那是一个充满不确定的时期，银行业本身也在经历了深刻的变革。世界各地的监管机构都收紧了标准，以降低银行业务的风险，并限制投机活动。来自社区的压力要求银行回归更传统和真正有用的活动。

作为回应，银行业经历了从利益到价值、从短期利润最大化到长期利润可持续性的明显转变。银行不再开发具有危害性的产品，转而开发促进商品生产和服务提供的产品。星展银行还响应了越来越多的要求，如加强了对报告的要求，以更好地展示其对公司治理的承诺和对诸多利益相关者的责任。这将影响星展银行的管理层在随后发起可持续发展浪潮战略时的表现。

影响星展银行的其他变化趋势包括分析、技术和客户行为。此外，手机银行是客户与银行联系增长最快的领域。

实施亚洲浪潮战略的最佳实践

星展银行成功地实施了亚洲浪潮战略，提前12个月实现了所有的关键战略目标。根据Bridges商业咨询公司的研究，虽然该组织中有2/3的实践失败了，但仍有一些最佳实践使该银行获得了成功。

最佳实践一：RED

在2010年的领导会议上，团队花了两天时间来定义亚洲式服务（战略的五大支柱之一）对银行的意义。会议的结果是得出了RED座右铭，RED代表：

- 尊重他人（Respectful）。

- 易于合作（Easy to deal with）。

- 稳定可靠（Dependable）。

RED（红色也是星展银行的品牌色彩）让该银行的员工真正感受到亚洲式服务的理念，他们可以将这种理念融入自己的工作。

为了监督RED活动并确保活动的一致性，星展银行成立了由高博德担任主席的客户体验委员会（Customer Experience Council，CEC）。这向整个银行传递了一个强有力的信息，即RED和新战略的重要性。

回顾过去，根据新加坡客户满意度指数（Customer Satisfaction Index of Singapore，CSISG）的衡量结果，星展银行是2010年新加坡服务最差的银行。通过RED计划，员工感到他们有能力做出改变，并切实做出了改变——以积极的方式优化客户体验。四年后，星展银行被评为新加坡客户满意度最高的银行，甚至高于新加坡航空公司。有意思的是，星展银行曾以新加坡航空公司为基准来了解客户服务。事实上，"RED"已经成为星展银行的员工们讨论工作方式时的常用词，就像人们搜索时会说

"谷歌",寄快递时会说"FedEx"一样。

在我与新加坡管理大学合作发表的案例研究中,可以获得更多关于星展银行如何实施亚洲浪潮战略的信息。

图3.1展示了星展银行客户满意度是如何随着时间的推移而提高的。

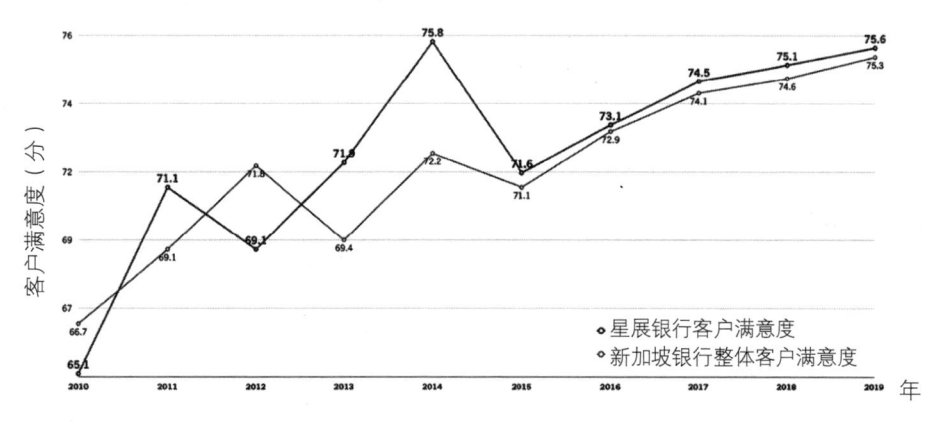

图3.1 星展银行客户满意度

最佳实践二:数字时代的RED

RED为数字化奠定了基础。2017年,星展银行领导人重新审视了RED在数字时代的意义。"尊重他人"最初表示银行希望员工善待彼此和客户。今天,这个词被赋予了更多的含义。比如,它可以指尊重客户的手机电池寿命和数据包(比如,他们不想让客户上传一些消耗他们数据包的东西)。"易于合作"一开始侧重于稳定减少客户用时和使"管道"稳固。今天,它还意味着拥有优秀的用户界面和用户体验。"稳定可靠"一开始关注的是可靠性。今天,它也意味着银行系统的高性能。

RED在提升员工行为水平的过程中不断发展，使星展银行在客户服务方面有别于其他银行。

最佳实践三：PIE

在高博德加入星展银行之前，该银行已经推出了流程改进事件（Process Improvement Events，PIE）。PIE是团队用于重新设计一个需要改进的流程的方法。在5天的时间里，他们确定流程的当前状态，消除冗余环节，并重新设计未来的状态。在重新设计的过程中，负责流程的领导聚在一起讨论问题，并在需要改进的地方签字，因为PIE团队需要这些领导的认可。

PIE的成功带来了积极的影响。通过消除无价值的步骤和改进银行的运作方式，在银行内部节省了100万小时。人们的思维方式发生了重大转变，目标从削减成本变成了节约时间。随着PIE越来越成功，内部节省100万小时的目标被重新定义为在外部节省1亿客户小时。这与星展银行更加以客户为中心的目标是一致的。目标的提高反映了PIE取得了成功。到2014年，2.5亿客户小时被缩减。PIE在数字化浪潮战略下演变为客户地图。

最佳实践四：3E框架

星展银行开发了一个全面的3E框架，目的是为员工创造一个有意义的学习环境，并帮助他们在职业生涯中取得进步。该框架的组成部分包括教育（Education）、经验（Experience）和接触（Exposure）。

- 教育（Education）——整合式的学习体验，包括角色扮演、模拟、移动、社交学习和黑客马拉松。

- 经验（Experience）——跨国家和跨职能的任务、国际流动、参与战略任务小组和短期轮岗。

- 接触（Exposure）——与高层领导建立系统网络，并提供指导和培训。

为了鼓励员工敬业并从内部培养人才，星展银行采用了新的内部流动政策，被称为"2+2"和"3+3"：

- "2+2"——职级在副总裁助理及以下的员工可在两年后申请银行内部的其他职位，如果申请被批准，其主管必须在他们被批准后的两个月内允许他们换岗。

- "3+3"——职级在副总裁及以上的员工可在三年后申请银行内部的其他职位，如果申请被批准，其主管必须在他们被批准后的三个月内允许他们换岗。

- 改善公司文化，包括引入"5@5"政策。在亚洲，银行员工的工作时间普遍过长，"5@5"政策允许员工在周五下午5点回家。这是一个突破。

这些举措的目标是从内部发展星展银行的文化。

最佳实践五：HCD

以客户为中心的方法在星展银行中扮演着不可或缺的角色。2012年提出的"以人为本的设计"（Human Centered Design，HCD）已经带领星展银行向重视客户旅程和创新转型。其目的是通过向员工传授相关技能，创造一种创新文化，让银行里的任何人都能创新。

通过实施亚洲浪潮战略，这些最佳实践已经带来影响。星展银行的管理层已经在不知不觉中开始为数字化浪潮战略奠定基础。

第四章

数字化浪潮战略

在2014年的普吉岛管理层会议后，星展银行开始着手实施数字化浪潮战略。亚洲浪潮战略的核心是成为"新亚洲的首选亚洲银行"，而数字化浪潮战略的核心是"让银行业务充满乐趣"。数字化浪潮战略希望专注于客户旅程，并把握大量新技术带来的机会，这样做可以让银行"隐身"，从而为客户带来愉悦的体验。星展银行的各个部门都开始落实"让银行业务充满乐趣"这一战略核心。

当时，高博德担心的是，很多部门只是调整了前端系统，或者只是更新了网站，而没有从核心上进行改造。各种研究表明，正是这种思维方式导致了2/3的数字化转型失败。

> 光"涂上数字化口红"是不够的。
> ——高博德（星展银行首席执行官）

因此，管理层开始将数字化浪潮战略融入整个银行，同时始终站在客户的角度解决转型问题。高博德下定决心要确保数字化浪潮战略不会仅仅被当作一个技术上的问题。

为使星展银行转型成为一个完全由数字驱动的银行，而不仅仅是"涂上数字化口红"，他陈述了以下4个优先事项。

1. 通过简化过程界面，创造舒适的客户体验。例如，该银行推出了一款名为"DBS PayLah！"的数字钱包应用程序，使得人们可以利用手机进行银行业务。这不仅更加方便和安全，也提供了社交上的乐趣。另一个例子是为线上客户提供数字化的渠道。星展银行推出了在线开户业务，中小企业可以简单、快速、轻松地进入客户端。此外，星展银行是亚洲第一家将贷款申请数字化的银行。这意味着，在新加坡的分行，中小企业可以在线申请多达11种贷款产品。企业可以在线关注申请进展，并在贷款处理的过程中收到即时通知。中国香港的中小企业客户也可以通过手机应用程序申请贷款，原则上能够在一小时内得到批准。

2. 通过在线服务，实现数字化和无纸化办公。为此，星展银行使用了面向服务的体系结构（Service-Oriented Architecture，SOA）和应用程序接口（Application Program Interface，API）框架。这些数字服务减少了用纸，为客户提供了即时履行服务，并优化了他们的收支结构。

3. 利用技术创建新的商业模式。要实现这一目标，就需要将收入从手续费和利润率中剥离出来。

4. 在工作环境中培养员工的使命感。作为工作指南，这样做有利于引导员工做出决策，以及培养一支有能力、敬业的员工队伍。

这4个优先事项使星展银行的管理层能够统一思路，明确转型的动力。

让银行业务充满乐趣的内部沟通

为了让所有员工都参与进来，他们必须了解正在实施的新战略。

星展银行制作了一张图片来描述该战略。图片上呈现了一座房子，房子的屋顶上写着"让银行业务充满乐趣"，下面是五大亚洲式支柱。房子的地基代表战略优先事项：拥抱数字世界，融入客户旅程，展示银行风采。背景是新加坡的天际线。

让银行业务充满乐趣的外部沟通

新的战略带来了新的对外形象,即"更多享受生活,更少银行服务"("Live More, Bank Less")。

当星展银行向客户介绍"让银行业务充满乐趣"这一口号时,他们发现客户并不理解它。于是,星展银行决定打造新的外部形象。

这一对外宣传口号展示了星展银行希望在客户心中呈现的形象。也就是说,如果星展银行从客户的视角开展金融服务,就会显得不那么麻烦和乏味。客户在与银行打交道时的焦虑感也会随之消退,他们会感激银行让他们拥有更多的时间"按照自己想要的方式生活"。

事实上,人们喜欢星展银行大胆说出"更多享受生活,更少银行服务"的想法——银行应该摆脱烦琐的金融交易手续,成为生活的一部分。通过融入客户的生活,星展银行的业务开始充满乐趣。要做到这一点,星展银行既要灵活,又要设身处地为客户着想。

来自星展银行官网的视频进一步解释了银行"隐身"的概念。

为了实施这一战略,管理层精心制定了3个战略原则,分别是:

- 数字化。

- 融入客户旅程。

- 设计文化并像创业者一样思考。

数字化

为了实现数字化，星展银行对核心平台进行了昂贵的投资，这需要花费5~10年的时间。

管理层意识到了利用技术重塑架构的必要性。亚洲浪潮战略被认为是整个数字化转型过程的"首付"。管理层还认识到，要实现彻底的数字化，需要重新思考整个技术架构，而重新思考技术架构要从基础做起，如核心平台、遗留系统、网络和数据中心等。每个领域都需要重新思考。

> 管理层意识到了利用技术重塑架构的必要性。

融入客户旅程

这是坚持不懈地以客户为中心的另一种表达方式。真正的区别来自对客户"要做的工作"的重新设想——这一术语现在已融入星展银行的语言中，用于定义和分解需要做的工作。"融入客户旅程"出自克莱顿·克里斯坦森在基于客户需求的创新方面的研究。

具体来说，星展银行采用了设计思维并培训员工使用一种被称为4Ds的方法，即发现（Discover）、定义（Define）、开发（Develop）和交付（Deliver）。4Ds方法教会员工采用客户旅程思维，并重新思考如何定义客户价值主张。该银行的管理层认为，以客户为中心是数字化浪潮战略的核心。这一目标将其与那些以技术为中心或以员工为中心的组织区分开来。

> 这是坚持不懈地以客户为中心的另一种表达方式。

设计文化并像创业者一样思考

星展银行转型战略的一部分是不断改变其文化。要想实现这一目标，需要明确其现有文化的哪些方面需要转型，以及如何像初创企业一样思考和运营。管理层希望员工学习新的工具，敢于尝试，迅速试错，并在失败后发现前进的方向。他们希望员工可以推出最小可行产品（Minimum Viable Product，MVP），在小型敏捷团队开展工作，并思考如何承担更多的风险。

为了深入探讨如何改变文化以支持数字化浪潮战略，星展银行的管理层研究了领先的技术型组织的做法。根据研究，他们认为需要：

- 采用敏捷方法。

- 成为学习型组织。

- 以客户为导向。

- 创建数据驱动的文化。

- 尝试并承担风险。

以下章节将对3个战略原则逐一进行解释。

第五章

数字化浪潮战略的第一个原则：数字化

简介

为了实现数字化，星展银行需要打造坚实的核心系统，并统筹从前台到后台的全面转型。这一转型的重点目标是更灵活、更快地响应客户。

> 星展银行需要打造坚实的核心系统，并统筹从前台到后台的全面转型。

从一开始，管理层就明确了银行是否需要数字化，以及是否需要成为技术型组织。向技术领先者学习是最佳的选择，从中可以了解它们的做法，并确定银行可以借鉴的关键方面。

为了打造坚如磐石的核心系统，星展银行在实施亚洲浪潮战略期间就已经为转型投入了大量时间和金钱。星展银行通过在所有地区建立具有战略意义的通用平台来实现这一目标。此后，管理层开始思考如何变得更灵活，提高产品上市速度，以及加快发布节奏。他们为银行的后端技术基础设施设计了新的架构，并专注于云原生的构建，这使得所有生态系统合作伙伴都能实现可扩展性，并在最大限度地利用数据的同时改进业务或技术。

在星展银行，技术从银行业务的瓶颈因素转变为促进因素和驱动因素。

我们是一家科技公司

星展银行的员工天生就具有银行家的思维方式。但要让银行成功地拥抱数字化浪潮战略，管理层意识到需要让员工认为他们是在一家科技公司而不是银行工作。

> 但要让银行成功地拥抱数字化浪潮战略，管理层意识到需要让员工认为他们是在一家科技公司而不是银行工作。

如今，"我们是一家科技公司"的说法已经十分常见。然而在2015年，星展银行是最早采用这种说法的组织。最关键的问题在于转变员工的认知。

> 在星展银行，我们表现得不像银行，更像一家科技公司。
>
> ——高博德（星展银行首席执行官）

杰夫会怎么做

为了改变银行构建数字化转型的方式，并像科技公司一样思考，星展银行开始思考亚马逊首席执行官杰夫·贝索斯会如何经营他的公司。整个银行都开始思考这样一个问题：杰夫会怎么做？这意味着像亚马逊所做的那样，员工将从像银行家那样思考转变为像科技公司员工那样思考，从思考银行业务解决方案转变为创造数字驱动方案。

"杰夫会怎么做？"这个问题有助于帮助员工在银行数字化转型的过程中改变思维过程和方法。

然而，光有一句口号是不够的。为了支持员工采用数字驱动的解决方案，银行需要为打造核心系统构建坚如磐石的技术基础。

GANDALF

在走访了西方不同的科技公司后，星展银行想出了一个能体现这种技术的首字母缩略词，即GANDALF。甘道夫（GANDALF）是托尔金小说《霍比特人》和《指环王》中的巫师。

在这个首字母缩略词中，G代表的是像谷歌（Google）一样使用开源软件；A代表的是像亚马逊（Amazon）一样在云平台上运行；N代表的是像奈飞（Netflix）一样利用数据与自动化来扩展和提供个性化推荐；A代表的是像苹果（Apple）一样设计系统；L代表的是像领英（LinkedIn）一样推动持续学习；F代表的是像脸书（Facebook）一样专注于社区。

D代表什么呢？星展银行（DBS）就是GANDALF中的D——新加坡的数字和数据银行。

在GANDALF的指引下，该银行的数字化转型对标最好的科技公司，而不是与其他银行进行比较。这是一个重要的区别。要成为世界最佳银行，不能照搬其他银行的做法，思维方式必须更像一家科技公司而非银行。

> 在GANDALF的指引下，该银行的数字化转型对标最好的科技公司，而不是与其他银行进行比较。

没过多久，随着员工开始加快工作节奏，重新构建客户视角，一种紧迫感油然而生。GANDALF像避雷针一样，激发所有员工像科技公司员工一样思考。

星展银行的员工开始自由地思考，这在许多方面得到了体现。最典型的例子就是培养了一批GANDALF学者来支持员工发展。他们每个人都得到了1000新元，用来学习一些有意义的东西。当他们从课堂上回来时，必须把学到的东西教给别人。他们知道自己必须教会其他人，这确保了他们要认真听讲。这种方法培训了15000多名员工！

五大关键技术举措

随着技术和运营团队开始构建数字架构，GANDALF提供了一种新的思维方式，并充当了避雷针。它首先明确了银行需要采用的来自GANDALF组织的以下五大关键技术举措：

1. 从产品向平台转变。在3~5年的时间里，从由指导委员会等机构管理长期项目，转向采用"基于情境做出判断，而不是根据指令来执行"的方法。业务团队搭建平台，技术团队提供动力和资金。

2. 发展高效的敏捷团队。保持敏捷，减少长期项目，消除瓶颈，重构组织。通过共享目标将技术团队和业务团队对齐，共享目标需要一致的衡量标准。

3. 自动化。允许更快地构建、测试和部署系统。重点关注如何加快节奏，从而提高系统的发布速度。

4. 设计现代系统。设计技术并构建可扩展、具有弹性和可试验的系统。推动这一战略需要使用云技术。

5. 成功组织。为员工提供正确的工具和支持,以推动敏捷的工作方式。

到2018年,GANDALF转型目标已经演变为以下3个:

1. 向"云原生"(Cloud Native)转变。降低成本,提高弹性和可扩展性。

2. 将发布节奏加快10倍。缩短上市时间,提高工作速度。

3. 构建API并提升性能。变得更加以客户为中心,并将GANDALF扩展到生态系统中。

向"云原生"转变

对于组织来说,只需向"云原生"转变迈出一小步,就可以节省大约20%的成本。对于星展银行来说,虽然使用的是同样的人和软件,但这不是简单的"搬家"——把硬件搬到云端,这种方法可能会分散注意力,也不会带来预期的成本节约和效率提升。银行管理层想要的是"核心的云",而不是"表面的云"。

银行的云原生战略集中在3部分:硬件、软件和人。

- 硬件——共享容量。

- 软件——通过开源降低成本,利用定制实现自动化。

- 人——采用敏捷方法和DevOps（促进技术团队和业务团队互相理解，提升责任意识）。

随着银行的发展，其对技术的需求也在增加。与此同时，技术和运营团队：

- 将集团基础设施成本降低了约5000万新元。
- 将服务器占用面积减少了80%，包括物理机器的数量，而容量是原来的5倍。
- 至2019年，将数据中心空间使用量减少了75%。

虽然一些银行正在整合数据中心，并将部分数据转移到云端，但星展银行在几年前就已经整合了物理数据中心。目前，其数据中心的规模仅为2015年的1/4，但在需要时能够扩展至2015年容量的10倍。

采用云技术使星展银行能够共享容量，在不同业务之间平等地使用资源，实现自动化，降低成本，并更快地响应各种业务。例如，公司可以在不通知技术运营团队的情况下将容量需求增加一倍，并马上得到运营团队成员的支持。此前，他们需要提前数周通知。

采用云技术的一个关键因素不在于它是私有云还是公共云，而在于它的可用性和是否适合银行的增长。确保稳定安全是工作的基本原则。采用公共云的优势在于，在需要时支付更多的费用就能够扩展容量。很明显，与公共云相比，银行可以更好地利用私有云来提高系统效率。

今天，星展银行超过99%的开放系统是云支持的，超过60个应用程序完全是云原生的。因此，技术从银行业务的瓶颈因素转变为促进因素和驱动因素。例如，通过持续集成和持续交付，银行能够每月交付30万个自动化构建和3万个代码发布，与之前的性能相比，增长了近10倍。

> 因此，技术从银行业务的瓶颈因素转变为促进因素和驱动因素。

将发布节奏加快10倍

"杰夫会怎么做？"这个问题促使银行像科技公司一样思考。按照传统的收集需求、开发、测试、发布方法，员工只能学习到很少的知识。真正的学习来自快速将产品推向市场，就像亚马逊所做的那样，然后是测试和学习。这意味着不仅要对方法进行重组，还要对文化、组织和节奏进行重组，以便银行能够快速响应客户，不断改进产品。加快节奏可以让银行行动得更快。

要想加快节奏，还需要自动化应用程序及自动化测试。自动化使银行行动得更快，提高了效率。这一点很重要，因为当一个组织行动得更快时，它很容易犯更多的错误，这意味着必须更快地评估和做出反应。举例来说，当银行将其应用程序的部署完全自动化时，其自动化测试增加了10倍。

通过自动化，星展银行的节奏戏剧性地加快了8.5倍。另一个好处是，星展银行的快节奏向外部合作伙伴展示了它的快速反应能力。

2015年，随着技术需求的增加，数据仓库成为组织数字化转型的重要组成部分。创造符合特定需求的标准方法可能需要长达两年的时间，这对星展银行来说太慢了！

技术和运营团队重新设计了这项技术，将基础设施项目的时间从两年缩短到不到6个月，其中涉及制订业务计划、分析组件需求、确定行动步骤和寻找资金来源。使用标准方法，所有这些步骤可能需要6个月的时间，而且是在项目开始实施之前。团队将整个前期过程自动化。基础设施的标准化和数字化使其更容易满足银行的需求。它还简化了试验，支持整个业务的敏捷开发。技术的改变能够快速响应银行的业务需求，让这一切成为可能。

随着技术和运营团队持续努力加快发布节奏，今天基础设施项目的时间已经不到一天！

构建API并提升性能

早在2011年，技术和运营团队就在研究API的潜力，但首先必须向银行家解释API是什么。该团队使用了一张将手机连接到电脑的图片来展示两个系统之间的连接。

2017年，星展银行成功推出了全球最大的银行API平台，拥有超过150个实时API。如今，它已拥有超过1000个API，超过400个合作伙伴接入其API平台。

开发API平台使得星展银行能够与初创企业合作，并通过使其成为生态系统参与者的形式来吸引合作伙伴。不仅如此，在不断提升业绩的同时，它还赢得了易于合作的声誉。

第六章

改变技术的DNA

星展银行技术和运营团队确保银行的技术始终处于行业前沿，以全新的、富有弹性的方式支持其不断增长的业务。这包括通过确定创新方法扩展云技术、应用现代框架、部署自动化最佳实践并显著提高上市速度来改变银行的技术DNA。（上市速度是用创意首次被开发到技术被客户和员工掌握的时间来衡量的。）

星展银行技术和运营团队整合了各种技术，以支持技术DNA的地震式转变。

无运维设计

无运维设计（Design for No Ops）是早期的一个重要成功经验，也是理解数字化转型重要性的关键转折点。它是星展银行其他部门数字化运营的催化剂，包括重新审视传统业务。该想法可以用来衡量任何可改变的东西。虽然团队并不总是知道如何去做，但实现目标的挑战已经开始了。

无运维设计并不是在不涉及任何操作的情况下对整体进行重新设计。它旨在消除不必要的组件，专注于提升客户满意度。这一概念阐述了一种想象的状态或结果。因此，无运维设计是一个过程，它定义了一个需要即时满足的结果，不需要"失败的需求"（任何因为第一次失败而产生的工作），也不需要后续行动来产生差异化的客户体验。为了确保客户满意，星展银行会提供客户旅程的实时信息，使用数据仪器来测量、监控和控制流程。

> 无运维设计是早期的一个重要成功经验，也是理解数字化转型重要性的关键转折点。

从"失败的需求"到"需求管理"

该银行专注于创造一种将运营文化和商业文化结合在一起的语言。由此,"失败的需求"一词演变为"需求管理",这解决了银行专注于提高收入而不关心运营是否存在困难的问题。无运维设计已经成为需求管理的一部分。

需求管理指的是识别和衡量需求价值链上需要完成的所有工作,并系统地消除、迁移和优化这些工作,以获得更高的生产率、更低的成本和提高客户满意度的管理实践。它还通过利用客户旅程,分析、设计更好的产品,使客户进行数字交易,从而减少"失败的需求"。

在2014—2017年这三年的时间里,星展银行发布了100%自动化应用程序,与此同时,自动化测试的执行量增加了10倍。自动化缩短了产品的上市时间。

采用谷歌的"琐事"方法

"琐事"(Toil)是星展银行从谷歌借鉴而来的一个术语,指的是运维中手动的、重复的、可以被自动化的、战术性的、没有持久价值的工作。同时,"琐事"还会与服务呈线性关系增长。

2016年,星展银行将重心转向从技术运营中消除"琐事",并将运营所需的人数与构建新架构所需的人数分离开来。这使得工作变得清晰,从而决定了日常运维工作("琐事")的运作方式,在优化工作能力的同时,还减少了"琐事"。

通常,与云原生相比,传统应用程序中有更多的"琐事"。因此,推广云原生不仅提高了开发速度，还使应用程序更灵活。这样一来，整个"操作"的工作量就减少了。无运维设计的作用是消除系统中的人工劳动。

今天，云原生减少了"琐事"，提高了整个组织的速度、敏捷性以及操作的效率。协作、端到端的思维方式和客户导向，在组织中创造了机会，消除了"琐事"，最终改善了客户体验。在内部，正确的改变让团队专注于增值工作，这提高了员工的参与度，并为实施数字化浪潮战略打下了坚实基础。

应用程序错误

过去，在IT行业，对一个应用程序所做的修改越多，它就越容易出现错误。当时的观点是，更改越少，稳定性越好，性能越好。然而，在敏捷组织中，应用程序的更改率比以前高了很多，但错误率更低了！为什么？

当一个组织采用敏捷方法时，自动化和测试所有的部署，然后在一天内进行大量的更改，错误通常很小，并且能够得到控制。此外，错误率及其产生的影响也很低，因为错误一般只出现在小型服务中。

外包转内销

2009年，星展银行85%的技术工作都是外包的。当时，星展银行的技术和运营团队主要负责签订合同和管理供应商。实际上，他们从事的是合同管理业务，而不是技术业务。在接下来的几年里，星展银行开始扭转这一比例。2018年，星展银行技术和运营团队90%的业务都是自我管理的，许多所需的技能都在内部，而不是外部。有了这种技术DNA，星展银行可以设计、构建和运营自己的技术，团队约有6000人。

第七章将分享星展银行数字化转型的最佳实践。

第七章

星展银行数字化转型的最佳实践

为了实现数字化转型，星展银行采取了各种举措。管理层希望知道组织将走向何方，以及他们必须做些什么；他们只是想继续下去。因此，下列最佳实践应运而生。

数字化转型的最佳实践

最佳实践一：二合一

"业务就是技术，技术就是业务"，这一激进的口号在星展银行内部引起巨大反响。虽然只是一句口号，但其背后有着强劲的支撑。支持星展银行转型的"二合一"（Two-in-a-Box）结构取得了巨大的成功。

"二合一"指的是技术负责人和业务负责人通过共同的目标和衡量标准相互合作，了解彼此的业务。具体来说，就是每个负责人都能够了解别人的职责，从而能够互换角色。即使在向首席执行官展示时，技术负责人和业务负责人也需要能够介绍彼此的工作。

> "二合一"指的是技术负责人和业务负责人通过共同的目标和衡量标准相互合作，了解彼此的业务。

为了实现这种合作，管理层需要分享共同的目标、衡量标准和对挑战的理解。他们还需要对必须做的事情达成共识，而不仅仅是口头上满足对方的业务需求。

"二合一"最佳实践成功地为公司构建了平台，促进了技术团队和业务团队的相互了解。它在星展银行的运作中持续地发挥着重要作用。

最佳实践二：反向导师

星展银行为每个高管分配了一名来自技术部门或其他部门的反向导师（Reverse Mentors）。有了这位反向导师，他们就有机会通过一对一的会面了解业务领域。这也让他们有机会问一些在会议或其他场合不太愿意问的问题，他们本应该知道这些问题的答案。

有了这样的导师，高管可以学习Java、HTML和Python，甚至是云基础设施和机器学习等知识。

在任何转型中，心理安全感都是至关重要的。反向导师计划创造了一个安全的环境。在这个环境中，高管可以提出他们通常不敢问的问题，即会让他们"丢面子"的问题。另一个好处是，反向导师可以了解高管在做些什么。

> 有了这位反向导师，他们就有机会通过一对一的会面了解业务领域。

最佳实践三：创建一种试错文化

当星展银行开始了解并满足客户的需求时，它需要一种包容错误的、创新驱动的文化。团队不是专注于开发一种产品，而是尝试各种选择，以便为客户提供最佳解决方案。

转型团队致力于让每个人都参与到数字化转型中来，从而培养创新的思维方式。转型团队还为员工提供一个中心框架，帮助他们开启自己的旅程和实验。

此外，团队还与金融科技初创企业社区建立了合作关系，并在初创企业社区之间建立了网络。例如，该团队与超过15000名员工合作，使用不同的实验形式，如黑客马拉松、加速器项目和Xchange项目。

最佳实践四：星展银行Xchange项目

该项目将星展银行及其企业客户与初创企业联系起来，共同构建解决商业痛点的技术解决方案。通过与金融科技企业合作，星展银行旨在发展一个由创新推动的强大的金融科技生态系统。该系统将改变人们的金融服务体验，同时为初创企业和创新企业家创造了一个更容易进入的市场。

星展银行Xchange项目于2018年在新加坡和中国香港推出。该项目通过设计思维和实验，帮助初创企业和星展银行项目合作伙伴实现共同的商业目标。根据星展银行自己的研究，通常4/5的加速器项目都会失败。星展银行Xchange项目解决了这一挑战，获得了项目合作伙伴的持续支持。

2015年，作为星展银行5年1000万新元投资的一部分，该项目在四个关键技术领域继续支持金融科技初创企业的成长：人工智能、数据科学、沉浸式媒体和物联网。利用这些新兴技术的力量，星展银行及其客户可以比以往任何时候都更快、更无缝地满足客户的业务和生活方式需求。

迄今为止，星展银行Xchange项目已经为该银行的内部部门及中小企业客户介绍了数百家初创企业，以解决它们的痛点。这个系统已经成功地推出了许多新兴技术解决方案。除了帮助星展银行及其客户实现业务数字化，星展银行Xchange项目还允许初创企业展示它们为银行开发的解决方案。当它们向投资人筹集资金时，它们可以将星展银行列为锚定客户——这是一个很大的优势。

另一个成功的星展银行Xchange项目是"impression .ai"。这家总部位于新加坡的初创企业（也是星展银行的中小企业客户）与星展银行的人力资源团队合作，开发了东南亚第一个虚拟银行招聘人员JIM（Jobs Intelligence Maestro，工作情报大师）。（本书后面会详细介绍JIM。）

到了2017年，星展银行不再试图统计正在进行的实验的数量，这样做显得过于烦琐。跟踪数字并不是因为数字本身重要，而是为了促成更多的实验。一旦这种项目融入了银行的文化，就没有必要继续统计了。

最佳实践五：为老员工提供新技术

几年前，高博德回到新德里看望他85岁的父亲。在这期间，他的父亲在网上办理银行业务，在网上纳税，还在亚马逊上为他的母亲买了东西。高博德认为，如果他85岁的父亲可以在个人生活中实现这种数字化的改变，为什么30、40、50、60多岁的人就不能改变他们的职业生活呢？

他意识到，人和环境一样，都能促成改变。考虑到这一点，从印度回来后，高博德决心让他的员工在实践中学习，并创造一个允许他们冒险的环境。

许多组织倾向于让年轻员工采用新技术，而让老员工继续使用正在消亡的技术。高博德希望每个员工都能同时使用新旧技术。他允许老员工有机会研究新技术，前提是他们符合筛选条件。他给了每个员工1000新元选择他们想参加的课程。在不到一年的时间里，90%的人符合了筛选条件。（在这1000新元中，有500新元来自星展银行，另外500新元来自新加坡政府的专项资助，用于资助那些想要提升技能的人。）

在星展银行，所有年龄层的员工在接受挑战时都发生了改变，这说明只要有能力和想要改变的愿望，人们就可以发生改变。

> 在星展银行，所有年龄层的员工在接受挑战时都发生了改变，这说明只要有能力和想要改变的愿望，人们就可以发生改变。

高博德也受到了与中国平安保险（集团）股份有限公司董事长、创始人马明哲会面的影响。马明哲认为，老员工就像羊，新员工就像狼。这句话对高博德产生了深远的影响。

> 我要塑造我的新员工和老员工。当70岁的人都在用智能手机的时候，"工作中不能做出改变"的观念对我来说是不可思议的。
>
> ——高博德（星展银行首席执行官）

最佳实践六：数字化转型是每个员工的责任

我们是否需要一个单独的团队来驱动新的技术需求？对于这个问题，管理层有一个明确的答案——不需要。管理层认为，银行的每个员工都需要承担业务责任，把自己当作转型的一部分。他们希望员工相信数字化转型是他们的责任，而不仅仅是技术团队的责任。

最佳实践七："出租黑客"项目

"出租黑客"（Hack to Hire）已经成为银行甄别和雇用合适的开发人员、数据科学家、敏捷教练系统工程师等人才的一种创造性方式。相较于传统的面试，星展银行创建了"出租黑客"项目来寻找最优秀的人才。

首先，星展银行会在网站上发布一些代码和技术问题，前200名回应者受邀在某个周末前往银行解决这些问题，并接受其他挑战。评价的重点不在于他们想出了什么，而在于他们是否拥有合适的技能，以及他们如何在敏捷环境中与团队并肩作战。在两天的工作结束后，优胜者将立刻获得一份工作，而不是得到诸如"我们会给你答复的"这样的回复。

星展银行第一次在印度运行这个项目时，有1.2万人报名。多年来，星展银行从这个项目中收到了超过10万人的申请，并雇用了数百人。通过该项目最初招聘的员工现在正在运行这一项目。

发人深省的是，如今，星展银行的组织中有超过6600名软件工程师，这意味着它的软件工程师比银行家还多。现在，可以说星展银行做到彻底数字化了。

思考题

1. 数字化给你的业务带来了哪些价值?

2. 如果你现在从零开始创业,你会改变什么?

3. 你的数字化目标是什么?

4. 你的数字化工作有哪些衡量标准?

5. 技术如何为重构商业模式提供机会?

6. 你的技术架构计划是什么?

7. 你改造技术架构的预算是多少?

8. 你的客户主要使用哪些技术?

9. 哪些技术能最好地改善客户的体验?

10. 哪些技术能最好地提高效率和控制成本?

11. 云计算有哪些机会?

12. 有没有可能加快你的技术节奏?

13. 如何利用DevOps?

14. 如何采用敏捷方法?

15. 如何构建动态的可扩展性?

16. 如何做到无运维设计?

17. 如何设计人工智能操作？

18. 在哪里可以利用机器学习？

19. 如何从项目转向平台？

20. 在哪里构建API？

21. 在这个过程中你如何清除"琐事"？

22. 如何实现无纸化办公？

23. 员工需要什么培训，从而创建更高效的团队？

第八章

数字化浪潮战略的第二个原则：融入客户旅程

简介

星展银行十分注重融入客户旅程。该银行的目标不再只是提供产品或服务，而是通过利用技术和在整个组织中采用客户旅程思维，让银行"隐身"，也就是我们所说的客户导向。这种方法使得每个员工都变得以客户为中心。

星展银行认为，客户一早醒来，想到的不是要做银行业务，而是买车、买房、投资。星展银行为他们提供了实现这些目标的手段，而技术则为星展银行提供了使客户旅程中的许多步骤不可见的手段。

星展银行的管理层越来越关注客户的需求，他们不断发问："这一变化是否让我们的客户对银行业务感到满意？"从这个核心问题出发，他们采用了基于客户视角的设计思维和解决方案。

设计思维在星展银行的术语中被称为"**4Ds**"，引导员工知道需要做些什么。该银行设计的解决方案改善了"要做的工作"。数字化浪潮战略要完成的整体工作是"让银行业务充满乐趣"。这需要员工从日常业务中抽身出来，识别客户旅程，并在此基础上不断改进。

一个最好的例子是，星展银行没有专注于推销更多的抵押贷款，而是专注于为客户做"要做的工作"，也就是帮助个人实现梦想。在抵押贷款业务中，星展银行从提前6个月与客户沟通开始融入客户旅程。这样，银行可以参与整个购房过程。银行代表会协助客户寻找合适的房屋，比较各种选择，并为客户确定最佳抵押贷款提供支持。

今天，作为其生态系统战略的一部分，星展银行仍在通过开发API来融入客户旅程，同时继续与生态系统合作伙伴合作。

接下来的章节解释了星展银行是如何通过以客户为中心而将自己融入客户旅程中的。

第九章

以客户为中心

一些组织解决客户问题的方法是组建团队，用头脑风暴的方法思考客户需要什么，然后根据假设的客户需求创建解决方案。因此，"什么对客户是最好的"，是由团队来决定的。

随着星展银行越来越关注客户，它开始寻找真正由客户驱动的创新和数字化的方法。于是星展银行采用了英国设计委员会的4Ds方法。

设计思维：4Ds 框架

4Ds框架是星展银行内部采用的开启客户旅程的方法。"4Ds"一词代表：

- 发现（Discover）——收集并综合见解和灵感。
- 定义（Define）——发现机会和提炼概念。
- 开发（Develop）——测试最具风险的假设并规划实施方案。
- 交付（Deliver）——实施概念。

发现，是客户旅程的第一步，需要最多的时间，占比高达50%。许多人想直接跳到交付环节，但他们不得不先执行前面的环节。

客户至上，而不是内部至上

实施4Ds框架需要每个员工专注于客户体验，并在客户旅程中更多地参与其他部门和利益相关者的工作。由此产生的合作打破了传统的条条框框，使员工变得客户至上，而不是内部至上。

> 由此产生的合作打破了传统的条条框框，使员工变得客户至上，而不是内部至上。

从交叉销售到交叉购买

随着可用数据的增加，星展银行开始采用情境在线销售的方法，基于用户行为和信息发布定向广告。

这种向情境销售的转变，导致了思维模式从交叉销售到交叉购买的转变。当客户在银行购买一种产品时，银行同时提供其他相关产品，交叉销售就发生了。例如，当客户在银行开户时，会被问到是否需要一张信用卡。

> 这种向情境销售的转变，导致了思维模式从交叉销售到交叉购买的转变。

这种思维模式的转变来自甘道夫（GANDALF）的经验教训——不向客户推出单一产品，而是提供一系列选择。与之类似，当客户在线购买一本书时，系统会推荐5本相关的书。这种情境销售提高了产品在特定时间点对特定客户的吸引力。

通过分析交叉购买中的客户数据，星展银行了解到，客户了解到的产品越多，他们办理的业务也越多。

构建原型，而不是演示幻灯片

采用设计思维的一个关键优势是为客户提供方案原型的速度比较快。员工不需要用幻灯片向领导演示解决方案，请求他们的批准和资源支持。团队有权直接构建得到客户批准的原型。

设计思维在行动

全球交易服务团队强调，服务客户"要做的工作"之一是协助企业的首席财务官和财务主管免费模拟各种解决方案。在当时，这个过程存在很多痛点。这样做可以帮助客户发现潜在的机会，为他们的企业实现价值最大化。所以客户旅程采用4Ds框架的时机已经十分成熟。

> 如果说有一家银行能够在全球范围内进行现金管理，那一定是亚洲的星展银行。
>
> ——《欧洲货币》

下面的例子展示了星展银行是如何采用4Ds框架的。

星展银行的在线财资和现金管理模拟工具平台

首席财务官和财务主管通常需要管理涉及多个国家的各种货币和交易的多个账户。在这个过程中，他们需要与不同的银行建立关系，从而优化各种资金和现金管理解决方案。首席财务官和财务主管也面临着不同市场监管变化的挑战。这整个过程涉及多方，既费力又耗时。

2017年，星展银行推出了全球首款在线财资和现金管理模拟工具平台——Treasury Prism。使用平台上的工具，客户可以：

- 无需任何成本，轻松构建现金管理结构和解决方案。

- 在所有潜在解决方案中，选择最适合其业务目标的最佳解决方案。

- 分析所选方案的收益和成本影响，以支持其业务。

来自星展银行不同部门的20人团队开始开发协作平台。该团队使用的算法可以根据产量、成本和风险产生最佳结果。这些算法还可以产生多种选择，因此，如果第一种方法不起作用，可以启动第二种方法。

星展银行的Treasury Prism已经获得了5个全球和区域创新奖，并迅速得到企业财务人员的青睐。该平台已提供了超过3000个最优现金管理结构和解决方案，其中很多都与星展银行有关。

这样一个涉及众多功能和相关方的大规模项目，通常需要数年才能完成，但是团队希望在几个月内构建新的解决方案。随着银行文化、技术架构及其核心运营方式的转变，这一雄心勃勃的目标得以实现。例如，该团队使用了敏捷方法，因此开发团队不再需要花时间到总部汇报进度，而是由高管出差或通过视频会议的形式，与位于同一地点的业务和技术团队取得联系。团队不需要准备幻灯片，只需要简单地向管理层汇报解决方案的进展。

采用基于云的架构可以让团队低成本地通过敏捷和结构化超越竞争对手。当时，银行原有系统大大减慢了流程的进度，增加了业务成本，向客户提供了更慢的服务和更昂贵的产品。

集团战略与全球交易服务团队的需求完美契合。实现业务敏捷作为一种解决方案，在整个银行中被迅速推广。所有参与者都在努力开发产品，希望在几个月而不是几年内交付最小可行产品。

发现——收集并综合见解和灵感

星展银行组建了一个跨职能团队，团队成员均在某个待改进的领域有着既得利益。团队规模的指导原则是"两个比萨规则"——两个比萨就足以喂饱整个团队。如果团队包含更多的人，那么敏捷方法就难以运行。

在星展银行，"发现"这一阶段始于从客户的角度思考"要做的工作"。这也是旅程声明（Journey Statement），意味着每项任务或工作都要为客户和银行带来价值，任何解决方案都必须让所有人受益。

旅程声明指导团队开始"发现"这一阶段，并贯穿于所有四个阶段。旅程声明的一个例子是："我们希望让财务人员以一种直观、互动、富有洞察力和值得信赖的方式优化现金管理，并实现更多的客户宣传和业务。"

在旅程声明之后，团队通常会询问"谁是参与者？谁将从现金管理优化中受益"。关键角色和利益相关者被绘制在一张地图上，这张地图展示了所有参与者和他们之间的联系。

利益相关者地图反映了关键角色和他们之间的联系，这有助于起草研究计划。该计划涵盖了将对谁进行访谈以及进行多少次访谈。随后是起草讨论指南，其中包括团队需要向每个利益相关者提出的问题，从而确保一致性并强调旅程声明。

提出的问题包含三个要素：

- 功能性的"要做的工作"，包括角色、责任和关键绩效指标。
- 社会性的"要做的工作"，包括利益相关者之间的互动，以及他们希望被如何对待。
- 情感性的"要做的工作"，包括利益相关者在执行功能性工作时的感受。

做完这些之后，团队才开始客户访谈。

为了优化现金管理，这个兼职的跨职能团队的6名成员在5周访谈了70多名企业财务主管、税务经理和首席财务官。他们的反馈被逐字逐句地记录下来，以便团队的其他成员可以用目标客户的语言了解情感性的"要做的工作"。这有助于得到能够直接解决痛点的解决方案。

例如，在现金管理中，团队发现了客户的一个痛点，即财务人员需要花费额外的时间来审查现金管理提案请求中被修改的业务。对应的"要做的工作"就是让提案请求流程自动化，从而缩短提案请求评审的时间，满足让财务人员早些下班的情感性的需求。解决方案必须直接解决客户的具体痛点。

一位客户提到，他曾去7家不同的银行寻求现金管理的优化方案。他得到了7个不同的答案，却不知道该相信哪家银行。这些银行中没有一家对如何计算收益是透明的，许多银行甚至没有计算收益！

在完成客户访谈后，团队通过综合客户反馈的信息，在原始数据中识别线索，并写在便利贴上，以进行近邻聚类分析。这些线索被整合成5~10个见解，总结了研究的关键发现。作为4Ds方法论的关键部分，这些见解为团队提供了创建解决方案的核心。

在现金管理的例子中涌现出一些见解，部分是意料之内的，部分是意料之外的。一个意料之内的见解是，财务主管几乎没有时间跟进最新的监管和税收变化，更不用说分析它们对现金管理业务的影响了。一个意料之外的见解是，资产保险公司认为，最优的现金管理解决方案的好处难以量化。对他们来说，要找到一个做出改变的理由就更难了。

产生见解是"发现"过程中的一个关键阶段。在4Ds方法论中，这个阶段至少占据发现、定义和开发阶段的一半时间。对于兼职工作的现金管理团队来说，发现阶段花了六周的时间。

定义——发现机会和提炼概念

有了见解之后，团队集思广益，采用数字化方法帮助财务和金融人员优化现金管理方案。团队成员意识到他们需要摒弃一些概念，想象最好的不受约束的解决方案，然后在此基础上形成最好的想法。通过使用声明开场白、概念海报、闪电评论、众包创意等工具，团队提出了这样的问题："我们怎样才能让事情变得更简单、更好？"

从那时起，团队成员开始将解决方案定义为在线模拟和解决方案工具。这个工具将允许财务人员混合搭配现金管理解决方案和产品。有了它，他们可以动态地评估解决方案的相对收益以及监管和税收环境的影响。由于团队是兼职工作，这个阶段花了两周时间。

团队继续提炼出最好的想法、流程、工作流和解决方案。在这一阶段，这一部分工作评估了概念在技术上的可行性和可用性——这两个因素将任务从定义阶段转移到了开发阶段。例如，一个解决方案可能在技术上是可行的，但如果它需要花费太多才能实现预期的回报，那么它就是不可用的。

开发——测试最具风险的假设并规划实施方案

在这个阶段，团队专注于评估解决方案的可行性。开发工具的第一个原型，并根据一些假设集，同客户进行第一次测试。测试的方式多种多样——从实体模型到低保真原型。关键是要快速构建工具，分享想法，并记录反馈。同样重要的是，测试关于这个概念的最关键和最不确定的假设。

在这个例子中，团队创建了一个线框原型，财务主管可以在里面输入财务数据，系统会根据收益、成本和风险，自动计算出最优的现金管理结构。它还可以根据财务主管的偏好，计算出各种不那么最优的结构。这个解决方案直接印证了早期对不同现金管理结构的效益难以量化的见解。

原型还展示了该工具将如何根据每个国家的监管和税收环境来检查解决方案。它会建议什么可以做，什么不可以做，这直接回应了另一个关键洞察。如果这种结构是可行的，但仍然需要监管部门的批准，那么该工具将建议需要做什么。

在六周的时间里，该解决方案在25个客户中进行了测试。团队与客户坐在一起测试原型，同时观察他们的行为和反应。该工具还根据旅程声明进行了测试，以确保它是直观的、互动的和富有洞察力的。

在测试客户时，团队捕捉了他们的反应和情绪，以清楚地了解他们喜欢什么和不喜欢什么。然后，团队成员根据这些反应和情绪重新设计原型。

在开发阶段，团队测试了不同的假设，并不断从中学习。不过，有时团队也会因为无法获得所有所需的信息而被迫做出改变。然后，团队会使用技术对最终的原型进行审查，以确保该工具仍然可行。一旦确认其可行性，团队就会评估其可用性和投资水平。

交付——实施概念

解决方案是在交付阶段构建的。

在交付阶段，越来越多的团队采用敏捷方法开发最小可行产品。在这个阶段，通常会形成一个跨职能的、协同的、自我管理的团队，这个团队包含在发现、定义和交付阶段工作的关键成员。程序员和业务人员在一起，使用站立会议的形式进行更新和讨论。在最小可行产品开发期间，每两周进行一次快速更新，以促进对客户反馈的持续评估。

总的来说，交付阶段关注的是持续和优先的工作计划、定期的价值展示、解决方案的增量交付，以及协作和授权的团队。最小可行产品对任何人开放，包括测试它并提供反馈的客户。

在现金管理的例子中，最终交付的是星展银行在线财资和现金管理模拟工具平台——Treasury Prism。

在2016年和2018年成为《欧洲货币》评选的世界最佳数字银行时，星展银行吸引了许多企业的财务部门。这些企业的现有合作银行已经无法满足它们的需求，也无法按照星展银行的改变前进。

第十章

客户旅程案例

本章分别用外部客户和内部客户的案例，分享了星展银行是如何变得完全以客户为中心的。第一个例子是早期的成功案例，展示了星展银行在数字化浪潮战略中可以实现什么。它描述了在印度创建的一家非实体银行——Digibank。

外部客户的案例

Digibank印度

2015年，Digibank在印度推出，改变了星展银行内部员工对数字化可能性的认知。它在文化上做出了改变，让人们相信星展银行可以为客户实现数字化。任何成功的转型都需要一开始就在组织内部构建牵引力和动力。对于星展银行来说，Digibank代表了其最初的成功。

Digibank展示了星展银行可以实现的目标。它改变了员工的心态，创造了数字化的成功故事，拓展了星展银行的能力。具体来说，它使星展银行在没有实体存在的情况下获得了大量客户。成立第一年，Digibank就获得了200万名新客户。

Digibank的起源

2013年，星展银行的高管开始制定有机增长战略，他们开始讨论在一个没有分支机构的国家建立业务。

大约在同一时期，该银行的客户研究显示，客户关注的是他们的生计、家庭、利益和生活。对他们来说，银行业务是达成目的的一种手段，但金钱仍然是他们生活的中心。这标志着战略的第一次转变。采访中的这句话概括了客户的需求——"更多享受生活，更少银行服务"。这句话一开始只是一种战略，后来演变成了银行的营销口号。

作为数字化浪潮战略的一部分，2015年成立的一个数字化团队发起了该银行的第一场黑客马拉松。利用来自客户的想法，被选中的员工在一系列工具和资源支持下，与外部开发人员在一个高强度的环境中工作。第一场黑客马拉松的制胜理念是，让客户以下载和安装应用程序一样快的速度开立账户。这一理念迅速演变为印度数字银行概念的开端，也就是后来的Digibank。

新技术、新方法、新思维

在开发支持新数字化方法的技术时，团队通过测试和学习进行了实验。在启动数字化浪潮战略之前，银行已经进行了实验。新的战略鼓励和奖励人们测试不同选择并承担风险。

依托新的实验文化，星展银行在这个从未实现规模化运营的国家推出了Digibank这一全新的移动银行。

数字化、融入客户旅程、设计文化并像创业者一样思考这三大原则造就了Digibank。其目标是让数字化团队像初创企业一样充满动力。因为团队成员很难兼顾他们的日常工作，所以银行创建了一个独立的团队，提高了灵活性和效率。

从客户的角度创建Digibank的目标包括以下几个要素：

- 客户可以在90秒内通过智能手机开立账户。

- 客户不需要去实体银行就可以开立一个完整的银行账户。

- 客户认为这种方式及其品牌很酷。

团队采用了敏捷方法。没过多久,他们就推出并测试了各种最小可行产品。他们通过快速回应客户的反馈来留住客户。团队每周发布新的版本,并形成了每天回应客户反馈的节奏。

早期的另一个关键决定是让技术取代人工去运营。这就产生了这样一个目标:设计一家人数比普通银行少90%、有呼叫中心但没有分支机构的银行。此外,印度客户倾向于大量使用支票,但该团队决定不这么做,因为纸质支票不够数字化。因此,任何想要使用支票的人都不是Digibank的合适客户。

该团队的运作完全没有任何问题,他们想要做的和需要做的都是成功的。这鼓励了激进的、创新的思维,对克服意想不到的挑战非常有用。

用数字化的手段了解你的客户

为了推出数字银行,团队必须克服许多挑战,如采用新技术、解决法律问题和触达客户。

印度法律规定,客户必须亲自出示身份证件才能开立银行账户。这是数字银行最初设计时的一个关键障碍,因为银行没有实体网点或分支机构。新客户如何亲自出示身份证件?

数字化团队就如何解决这个问题进行了头脑风暴。法务团队的人找到了解决方案。他们提出了与Café Coffee Day(印度的一家咖啡连锁店)合作的生物识别解决方案。这强调了在整个组织层面理解数字化及其战略目标的重要性。

> 数字化团队就如何解决这个问题进行了头脑风暴。法务团队的人找到了解决方案。

星展银行与Café Coffee Day合作，在其遍布全国的600多家门店中放置了指纹读卡器。每个指纹读卡器售价50新元，成本大大低于建立分支网络。通过这种方式，数字银行的新客户可以进入Café Coffee Day，点一杯卡布奇诺，并在90秒内开立账户。

团队成员了解到，几乎每个印度人都有一张"Aadhaar"（个人识别号码）卡，可以用来进行生物识别，Café Coffee Day解决方案因而得到了改进。政府已经允许通过指纹来进行身份识别。通过API，政府可以验证一个人的身份，这让银行能够用数字化的手段了解客户。银行只需要采集指纹就可以验证身份。

2015年星展银行在印度推出Digibank时，遭遇了当地银行的抵制，它们试图让Digibank关门。但该技术带来的易用性为星展银行赢得了客户，并在竞争中胜出。

验证地址挑战

早期的另一项挑战是，印度的法律规定，银行必须先验证新客户的地址才能与该客户联系。

对数字化浪潮战略的目标的一致理解确保了所有部门行动一致。这意味着合规团队需要与新的数字化团队合作寻找解决方案，而不是制造障碍。一旦新客户开立账户，他们就必须收到信用卡或借记卡，合规团队意识到并解决了这一挑战。

激活信用卡或借记卡需要在应用程序中输入验证码,从而确认他们的地址是有效的。即使客户使用父母的地址,也要在收到银行卡时在应用程序中输入代码。这意味着银行满足了能够与他们联系的要求。

瞄准正确的客户

最初在Digibank推出之时,星展银行专注于尽快获得尽可能多的客户,为其首次在一个国家建立非实体业务打好基础。但随着客户的增多,星展银行发现一些客户的资料并不理想。于是星展银行开始将重点放在提高客户定位上,从而实现了客户数量和质量的平衡。

Digibank总共吸引了超过230万名客户和65万个储蓄账户。Digibank所需人员数量是传统实体银行所需人员数量的1/5。这一成功很快促成了Digibank印度尼西亚的推出。

2020年,星展银行与印度Lakshmi Vilas银行合并,这加速了其在另一关键新兴市场的成长。

Digibank印度尼西亚

2016年,星展银行开始在世界人口大国印度尼西亚复制Digibank印度的成功。这带来了一系列新的挑战。首先,遵照印度尼西亚的监管规定,银行必须有员工。

技术和运营团队的成员分析了要如何支持数字银行的扩张,以及可以从印度市场中吸取的经验教训。他们发现,印度尼西亚的一切都是由摩托车运送的。所以他们没有像在印度那样让咖啡师作为合作伙伴,而是雇用"Gojek"(印度尼西亚的一款超级应用程序)司机作为银行出纳员。用摩托车送银行账户可能看起来很奇怪，但在印度尼西亚，所有东西都由摩托车送上门是常态。那银行账户为什么不能呢？

Gojek的司机获得了认证设备，成为银行雇用的用来了解客户的员工。

借鉴了印度的经验，避免了过去的错误，银行最初推出的最小可行产品比印度版本好得多。学习曲线被缩短了。其中一个关键的经验教训是，在印度的最初版本中，银行的客户范围太广，任何会说英语、会用智能手机的人都是潜在客户，银行希望所有人都能加入。然而，他们很快意识到，他们吸引的是18~25岁的年轻人。这些年轻人符合要求，但没有资本或能力让银行向他们提供贷款。与此同时，这些年轻人正在利用银行提供的免费产品。所以，当在印度尼西亚推出Digibank时，星展银行将其策略从"广撒网"转向了更有针对性的客户选择。

印度市场的另一个独特之处在于，高利率通常会吸引客户在银行开户。但在印度尼西亚，情况并非如此。客户行为的最大驱动力是礼物。这凸显了学习每个市场独特的消费者营销行为的重要性。

通过借鉴Digibank印度的经验，星展银行用了12个月而不是24个月的时间，成功推出了Digibank印度尼西亚。在印度尼西亚的实践也有助于印度模式的持续改进。

财富管理iWealth应用程序

随着银行对客户的关注程度越来越高，其技术核心发生了变化，其产品的销售方式也发生了重大变化。在财富管理中，客户关系经理被授权"开放"销售，这意味着他们不仅提供星展银行的产品，还会就哪些服务特别适合客户提供咨询。

新技术有助于将正确的产品卖给正确的客户。例如，系统不允许客户关系经理将高风险的产品卖给风险承受能力较低的人。

财富管理团队也想规划如何利用技术来为客户提供不同的服务，因此开始着手完善财富管理应用程序，并在2017年推出了iWealth应用程序。

iWealth应用程序是一个数字财富管理平台，客户可以在平台上管理自己的财富。一开始，每当客户退出登录时，团队都会要求反馈意见。这提供了很高的回复率，因为客户在协助改进这一应用程序时也能受益。财富管理团队分析了每一条客户反馈。例如，当客户在使用iWealth应用程序时，他们不希望为了使用零售交易应用程序而不得不退出。在听取意见后，团队对iWealth应用程序进行了修改，允许零售交易，而无须退出。

财富管理在"Digi Markets"这个财务和市场数字平台上进行，星展银行可以在这个平台上对交易进行定价和预订。它还可以获取股票衍生品的信息，并与外部竞争对手进行价格比较。这有助于为星展银行客户提供最佳价值。此外，它提供了外汇、外汇期权和债券的全部实时定价，而这些功能几年前还需要人工处理。这些变化满足了星展银行客户对即时定价的需求。

digiPortfolio

为了实现一切自动化，星展银行创建了digiPortfolio。这是一种简单的人机混合投资服务，只需1000新元就可以为客户提供专业的人工服务和机器人服务。有了它，客户就可以通过区域或全球多元化，以一种即时的、具有成本效益的方式来增加和保护自己的财富。digiPortfolio与最好的投资组合经理团队相结合。以前，只有投资金额在50万新元及以上的人才能利用他们的专业知识。

除了精心挑选交易所交易基金来创建高质量的投资组合，该团队还定期监测市场，将digiPortfolio与首席投资办公室的观点统一起来。其目标是确保最佳的资产配置和投资组合弹性，同时在必要时启动再平衡策略。

digiPortfolio使用代码来实现流程的自动化，如回测、再平衡和监控等。这样做，星展银行可以兼顾规模和效率，同时让投资者的交易活动完全透明。

在过去的几年里，星展银行看到为其投资组合提供资金的小规模投资者急剧增加。这对星展银行来说是一个全新的业务来源，如果没有这样的数字能力，这是不可能做到的。

智能银行

2020年，星展银行在其数字银行服务中加大了对智能银行的投入。这样的布局吸引了客户，而且让他们坚持使用手机和在线平台来满足日常的银行业务需求。

智能银行功能坚持以客户为中心的设计，加入了预测分析的功能，将数据转化为超个性化、直观（和非直观）的见解。这些见解使客户能够简化他们管理财务和投资的方式。智能银行引擎在其数字银行服务中每月产生多达1300万个见解，帮助客户改善他们的财务规划，发现他们每月支出的盲点，甚至帮助他们及时做出投资决策。例如，星展银行的 iWealth 应用程序会根据客户的投资组合持有情况和以往的活动情况，主动向客户发送触发信息，提醒关注客户外汇价格的变动情况。

智能银行功能是由星展银行的数据科学模型推动的。星展银行持续关注客户旅程，然后根据客户的经历向其提供实时信息。

> 通过智能银行功能，我们一直专注于提供有用的和可操作的见解，指导客户做出更明智的财务和投资决策——这些决策在当今充满不确定性的世界中显得更加关键。我们的目标不仅是改善客户的财务状况，而且要最终为他们的生活带来切实的价值。
> ——Seng Seng（零售及财富管理部负责人）

NAV Planner——智能银行的一部分

NAV Planner 是一款直观的数字工具，是为客户提供智能银行服务的主要示例。

NAV Planner 帮助客户以一种适合他们的方式跟踪、保护和增加其资产——不仅仅是一天、一个月或一年，而是伴随他们的一生。

它为客户提供预算跟踪、改善财务状况的建议，以及他们的资产负债情况总览。NAV Planner 会随着用户的增加而改变。具体而言，它：

- 提供客户财务利益的概况。

- 通过跟踪和增加客户投资，让客户养成理财习惯。

- 可视化客户的退休现金流，预测并规划他们的财务自由路线，突出他们可能需要填补的任何缺口，并指出他们距离达到想要的退休生活方式还要做什么权衡。

- 当出现异常或高于正常水平的账单支付时自动通知客户，以确保他们不会意外地超额支付任何自动付款。

约有220万名客户使用了这一工具，该工具提供了超过3000万个理财规划见解。近40万名客户从净赤字变成了净盈余，这意味着在这个预算和规划工具的支持下，他们从借款者变成了储蓄者。

2020年年底，该银行推出了全球首个公私合作的开放式银行项目SGFinDex。SGFinDex是一个安全的数字接口，通过开放API将新加坡的不同银行连接起来，允许它们共享经批准的关键信息。

普通保险和人寿保险数字化

高博德向银行保险团队发起挑战，推动银行普通保险和人寿保险的数字化。该团队采用了双管齐下的方法来实施数字化浪潮战略。其目标是使员工，特别是与客户合作的客户关系经理能够利用数字化。团队还希望利用数字化将产品直接提供给客户。因此，他们创建了Mobile Protect，为新手机和旧手机提供保险——这在新加坡尚属首次。为了方便起见，使用PayLah！就可以为该产品付费。

数字化浪潮战略实施后，Your Financial Profile（YFP）成为银行首批数字化创业项目之一。当时，银行保险团队的任务是让客户关系经理提供增强的客户体验。使用YFP，通过加入客户的信息，让客户关系经理坐在客户面前时能够更好地了解他们的客户。

YFP和与银行合作的人寿保险公司由STP连接。这意味着客户可以在电脑屏幕上获取完整的信息（如说明、应用、履行和支付）。保险公司随后以数字方式收到承保保单所需的信息，新保单在两天之内就完成了。银行保险专家完成这个过程，然后向客户发送一份附有详细信息的安全PDF文档。

此后，YFP发展成为客户关系经理的手机应用程序。该应用程序允许客户关系经理检查他们的日程安排，进行预约，并跟踪他们的业务，从而使他们的行动比以往任何时候都要方便。应用程序和在线化增强了普通保险销售的吸引力。

如今，星展银行客户可以全方位参与，这意味着他们可以决定自己想做多少事，以及与客户关系经理的合作程度。保险仪表盘为客户提供信息，并帮助他们进行自我探索。此外，客户每月能够在账单上查询保单的细节。

毫不奇怪，星展银行的保险业务在过去十年里增长了15倍。

内部客户的案例

许多组织只将数字化工作集中在面向客户的业务部门中，但要成功地实施数字化，组织的每个部门都必须参与进来。例如，当Digibank推出时，星展银行法务团队解决了如何在没有实体分行的情况下进行客户身份认证的问题。这是法务团队拥抱数字化浪潮战略的一种方式。

> 许多组织只将数字化工作集中在面向客户的业务部门中。

法务团队拥抱数字化浪潮战略

法务团队强调了了解客户（包括内部客户）旅程的重要性，并分析了客户的痛点。然后，他们采用设计思维和新技术来解决这些痛点。法务团队的一群成员聚在一起，就外部和内部客户在这些领域的旅程达成了一致：

- 合规。
- 合规培训。
- 使"管道"稳固。
- 新员工法务培训。

以下是一些改善客户体验的变化。

转向信任客户

2017年，星展银行法务和合规团队专注于客户旅程中的一个关键环节——企业客户注册。团队成员审查了被询问的文档和问题的数量，并重新设计了整个客户旅程。他们专注于减少新客户必须提交的信息量，例如，主动从公共部门数据中提取所需信息，并尽可能多地进行实时处理。他们还将问题精简为只针对特定客户的重要问题。这使得注册流程能够在一天内完成。

这种全新的方法使用了逆向心理学。负责注册的人不会去寻找客户的业务可能非法的原因，而是专注于证明客户是一个正在经营真实业务的实体。他们专注于识别客户拥有的积极特征，而不只是寻找可能不诚实的公司的消极特征。

如今，他们可以通过运行一个配置文件，识别有信心经营真实业务的实体。所有这一切都能让注册过程更顺畅，这让银行业务充满了乐趣。

重新思考合规

星展银行法务和合规团队还专注于转变合规方式，鼓励员工自觉遵守法规，而不是被迫遵守。这项挑战并不容易。一个最典型的例子是，团队从内部数据中发现，员工通过阅读16000字的跨境许可合规说明，查阅了从新加坡到中国台湾旅行的注意事项。这些员工自己承担起了合规的责任。

这是很重要的，因为当员工需要与客户讨论法务和合规问题时，他们觉得这是一个负担，而不是什么趣事。因此，为了改变这一情况，法务和合规团队利用设计思维创建了一个平台，员工可以从中选择自己的业务部门和最终目的。在做出选择之后，员工会得到一些简单的指南，并被问到这样的问题：

- 你能给客户一份条款清单吗？

- 你能和客户讨论产品吗？

员工会回答"是"或"否"。

作为转型的一部分，团队培养了一种"同伴文化"（Peer Culture）。无论级别如何，星展银行的所有员工都受到同等对待。这样做可以为各利益相关者创造积极的体验，并重新设计服务标准，最终实现卓越运营。挑战在于证明团队内部具备转型所需的技能、承诺和资金。

重新思考合规培训

该团队还改变了法务和合规部门的员工培训方式。具体来说，原本法律要求的是面对面的技术培训，调整后员工只需要了解在特定情形下该做什么。

过去，员工需要参加三小时的法务和合规培训，加上出差，这需要半天的时间。在整个培训过程中，他们的重点是学习足够的知识来通过考试，而不是确保正确的行为。实施数字化浪潮战略，将课堂培训转变为基于事实场景的在线学习，员工可以在以下三种决策中做出一种选择：

- 自行批准。

- 自行拒绝。

- 升级。

在团队看来，这是唯一需要做的决定。所有的培训都可以围绕这个简单的选择来设计：是、否、升级。

这种方法给法务和合规团队带来了许多文化上的挑战，但有两个明显的好处：一方面，降低了面对面课堂培训的成本；另一方面，更重要的是，培训的是行为而不是技术内容。

员工入职的客户旅程

在过去的几年里，星展银行的员工从18 000人发展到超过30 000人。

人力资源团队采用客户旅程思维,改进了员工入职的流程,并从新员工的角度看待这段旅程。人力资源团队发现了重要的机会,包括:

- 在新员工加入团队的头三个月经常与他们交谈。

- 为新员工入职的第一天做好准备。

- 确保管理者有效地实现目标。

为了给新员工提供积极的客户旅程,人力资源部门创建了一个可以使用数字化文件入职的平台,它还集中了某些流程,便于经理为新员工入职做好准备。

如今,新员工在第一天上班前就会接入星展银行的平台,提前了解银行。具体来说,他们可以提前了解银行的情况,熟悉银行的组织架构。

> 如今,新员工在第一天上班前就会接入星展银行的平台,提前了解银行。

在新员工第一天上班的上午,星展银行人力资源部的代表将为他们介绍银行的文化、项目和产品。随后,新员工可以拿到他们的电脑和手机,这样从第一天开始就可以高效工作。他们也可以马上得到获取相关数据的权限。

在第45天、第90天和第180天结束时,新员工要完成一项调研,以确保他们的入职体验顺利而愉快。

解决痛点和工作的未来

多年来,星展银行一直使用"工作的未来"这个词来明确并解决员工每天面临的痛点。它既关注员工拥有的工具，也关注他们工作的文化。

尽管一开始并没有最好的工具，但一些员工仍然设法克服困难，完成了伟大的事情。与此同时，其他员工对工作场所感到沮丧，觉得在工作之外有更好的体验。部分员工觉得作为客户（所有员工也是银行客户）的体验比上班使用银行系统时的体验更好。

星展银行宣布2019年是"员工年"，并着手投入时间和金钱来弥补员工体验和客户体验之间的差距。作为目标的一部分，不同国家和地区的银行启动了不同的项目来明确和解决自己的痛点。比如，在印度海得拉巴，银行有一项着装规定，只要不让父母难堪，员工就可以随意穿自己喜欢的衣服。受到Netflix政策的启发，在印度海得拉巴的银行制定了尊重和平等对待员工的政策。它的员工对此做出了积极的回应。

> 星展银行宣布2019年是"员工年"，并着手投入时间和金钱来弥补员工体验和客户体验之间的差距。

在意识到政策和程序很重要之后，星展银行成立了一个委员会来解决这些问题。这个方法被称为"Kiasu委员会"。（Kiasu是新加坡英语中一个独特的词汇，意思是"害怕错过或失败"。）这意味着组织中的任何员工都可以请求改变政策或程序。该委员会扮演陪审团的角色，由初级员工和高级员工组成，由法务和合规部门的主管担任主席。如果委员会成员同意该员工的意见，那么负责政策或程序的人就会根据请求做出改变。

星展银行还关注到了另一个痛点——差旅费。利用4Ds框架，星展银行发现"要做的工作"是确保员工不会为旅行掏钱，因为通常报销需要花费很长的时间。在进行了一次员工客户旅程之后，星展银行发现差旅费报销是一个恼人的问题，并很快意识到这也是一个影响员工情绪的问题。人们显然不愿意为了报销等太久。相应的解决方案是，该银行与Grab（一种叫车服务）合作，直接向银行开具发票。从此，员工不再需要自己支付差旅费。

另一个例子是"告诉高博德"仪式。在这个季度性的活动中，任何人都可以和高博德交流，并得到他的亲自回应。高博德通过交流发现，员工对浪费时间去外地不同办公室见老板感到沮丧。因此，星展银行加大了在视频会议上的投入，这减少了花在旅行上的时间和处理系统的工作量，受到了员工的欢迎。

> 另一个例子是"告诉高博德"仪式。在这个季度性的活动中，任何人都可以和高博德交流，并得到他的亲自回应。

2020年年底，该银行宣布了一系列举措，进一步拥抱工作的未来。包括：

- 员工可以在40%的时间内灵活地远程工作。
- 7200名员工计划接受培训，加快技能提升的速度。
- 数据驱动的敏捷团队的部署规模扩大。

数字化浪潮战略的一个关键成功因素是银行生态系统的推出，第十一章将对此进行讨论。

第十一章
建设生态系统

在实施数字化浪潮战略之前，星展银行基于分支机构网络和数据中心开展业务，通过多种产品和服务触达客户。但在这个竞争激烈的世界里，组织利用合作伙伴扩大规模的能力已经变得越来越重要了。

现在，星展银行将其商业模式的重心放在了建设生态系统上，因为在一个互联的世界里，银行业已经无法再独立存在。今天，技术进步使得收集和详细分析客户数据成为可能，此外，新的连接方式被用来提升客户旅程的体验感。

在星展银行的研究论文《不成功便成仁：生态系统，新兴的商业模式》中，生态系统被定义为："将不同行业的实体聚集在一起，创造单个组织或部门可能无法独自创造的新产品或价值。通过生态系统，营销人员获得了满足客户需求的能力，而不会使客户在寻找产品时换一家公司。"

星展银行生态系统的开端

2012年，星展银行的管理层就已经开始思考如何连接不同的系统，提升客户体验。在银行之外，人们都在谈论API，但很多银行家并不知道API是什么，或者看不到其潜力。随着星展银行向微服务转型并开始建设生态系统，API的重要性迅速凸显。

在外部，建设生态系统的API与连接性有关；在内部，它们是关于控制和连接的。因为负责操作API和拓展业务的人必须对结果负责，所以团队需要控制"谁可以在内部做什么"。在内部，需要额外的一层控制。在星展银行，员工不能自己做出改变。（这与DevOps的规范不同，

DevOps中个人拥有控制权。）

API已经成为业务增长的重要驱动力，为业务创造了新的价值，原因有两个：一是其为客户提供了更嵌入式的体验；二是其揭示并分析了更多信息和数据。

到2017年，星展银行的管理层已经得出了两个结论。第一，它认识到转变思维的必要性。要成为数字化玩家，管理层必须对与其他组织合作持开放态度，而不是自己单打独斗。第二，它深刻认识到客户旅程的起点不是银行。这种意识与它专注于做客户"要做的工作"是一致的。

> API已经成为业务增长的重要驱动力，为业务创造了新的价值，原因有两个：一是其为客户提供了更嵌入式的体验；二是其揭示并分析了更多信息和数据。

这两个结论也意味着，数以百万计的曝光、点击和互动是在银行之外进行的。如果银行无法连接到这些潜在的合作伙伴，那么它就失去了大量的数据和客户信息，以及潜在的机会。

如前所述，在2017年，星展银行推出了全球最大的银行API平台，上线了150多个API。如今，它已经拥有超过1000个API，超过400个合作伙伴。该银行的快节奏向外部合作伙伴展示了其快速的响应能力。例如，星展银行在印度与Tally（一家提供企业资源规划的软件公司）合作。Tally拥有800多万个中小企业客户。为什么Tally不与当地的印度银行合作？因为它尝试了，但合作很快就失败了。管理层意识到，星展银行的API结构、快节奏和敏捷性不仅可以改善其客户服务，还可以提高银行的信誉。这有助于星展银行吸引新的合作伙伴以及顶尖人才。

> 该银行的快节奏向外部合作伙伴展示了其快速的响应能力。

POC 框架

为了和合作伙伴一起发展生态系统，并采纳新的方法，星展银行采用了名为POC的三阶段框架：

- P表示参与（Participate），指的是星展银行作为外部平台或生态系统的参与者。例如，作为星展银行 PayLah! 平台的一部分，该银行战略性地投资了Carousel（一个买卖商品的网站）。

- O表示策划（Orchestrate），指的是银行作为平台，引入董事会合作伙伴和诸多参与者。例如，客户现在可以在星展银行的网站上买卖汽车，制订无忧购房计划，选择电力供应商，或者预订机票和酒店。通过使用星展银行 PayLah!，该银行还可以向第三方支付电影票和保险等。

- C表示创建（Create），指的是星展银行在一个全新的领域创建平台。Smart Buddy应用程序就是一个例子，它已经演变成一个教育生态系统。

进入成功的市场

星展银行努力使银行业务融入生活，让客户在购置物业时更加愉悦。如今，它还销售汽车和提供度假服务。让客户从银行买车，在几年前还令人难以想象！

房地产市场

新加坡拥有一个充满活力的房地产市场。星展银行推出了一个全新的房地产市场平台，创新性地在提供抵押贷款以外开展保险和装修贷款等相关的服务。

如今，客户可以在网上浏览多个房产中介和网站，使用按揭计算器计算抵押贷款，在权衡后做出选择。在按揭的过程中，他们还可以获得原则核定等其他方面的便利。

汽车市场

新加坡政府对汽车征收高额税（称为拥车证）。因此，大约90%的人在购买汽车时需要贷款，这有助于限制道路上的汽车数量。为了限制人们买车，新加坡拥有优秀、安全、可靠的公共交通系统。举个例子，在新加坡，如果火车发生故障，其运营者将受到政府的处罚。

尽管如此，新加坡人还是想拥有自己的汽车。因此，客户需要获得贷款，这导致汽车销售商在推荐银行时会得到很高的佣金，而银行反过来又依赖于汽车销售商的推荐。买车时，贷款或保险通常不是首要考虑的问题。消费者团队意识到这是一个很好的机会来检视他们的客户旅程，向他们的客户展示同理心，以及运用设计思维。

2017年，一个敏捷团队重新设想了客户旅程，并创建了新加坡的第一个汽车市场平台。在这个平台上，客户可以集中地搜索一款汽车的所有信息。汽车市场平台的推出需要得到新加坡央行的批准，因为它不属于银行的传统业务。

汽车市场平台可以让客户搜索并购买其梦想中的汽车，也可以出售其不想要的汽车。在购买的时候，该平台可以帮助客户计算首付款，查看经销商，或者直接从制造商那里购买。在卖车的时候，平台会帮助客户定价并尽快卖掉这辆车。它通过三个步骤指导客户完成交易。

该平台还能推荐保险，并提供路边援助和购买配件的服务。它还为客户提供了在买卖商品前推荐阅读的文章。

汽车市场平台推出后，星展银行的客户立即意识到，获得汽车贷款和保险的成本大幅降低了，之后的手续办理也变得更高效了。如今，星展银行的汽车市场平台是新加坡最大的直接买卖汽车市场的平台。

> 汽车市场平台展示了我们如何利用数字技术和创新来扩展业务范围。我们意识到，消费者越来越重视透明度和简单性，尤其是在汽车等大件的购买方面。
> ——杰里米（星展银行新加坡零售银行业务负责人）

旅游市场

旅游市场是星展银行第一个支持支付的市场，该平台也是新加坡第一个与新加坡航空、Expedia（全球领先的在线旅游公司）和美国丘博保险集团合作的一站式综合旅游市场平台。

该旅游市场平台为旅行者提供具有竞争力的机票价格、酒店价格和全球超过25000个度假目的地的免费旅游保险。

电力市场

通过星展银行的Digibank应用程序，客户可以搜索最适合自己用电量的公用事业价格计划。这款应用程序可以让客户节省成本，并享受简单生活的快乐。

平台就是新的产品

数字化浪潮战略推动了整个银行从产品到平台的转变。这一举措聚焦于范围和规模——从开发最好的产品到开发最好的网络。以平台为例，苹果公司在2007年推出iPhone作为一款产品，如今它已经作为一个平台在运营，在其应用商店中有超过200万个应用程序。

星展银行从产品到平台的转变带来了以下三个挑战：

1. 通过合作伙伴获取客户。在客户旅程中越往前探索，就越有机会通过合作伙伴获得新客户。例如，当消费者想买汽车时，可以从星展银行获得贷款。在星展银行几乎没有实体业务的市场（如印度和印度尼西亚），这一点更为关键，因为这些市场完全依赖数字化与客户建立联系。通过双方的合作降低获取客户的成本。

2. 根据合作伙伴的非传统数据做出信贷决策。星展银行收集客户的非传统数据，为决策提供更准确、更细颗粒度和更可操作的信息。对于银行来说，如果面对的是刚接触银行或信贷业务的客户，那么拥有其他数据来源是必要的（可以来自旅行模式、电信数据或其他外部来源），这能够帮助银行做出信贷决策。为了获得这类数据，星展银行必须与相关公司合作，这些公司随后成为银行生态系统的一部分。

3. 通过合作伙伴增加产品供应。与合作伙伴合作，可以从客户那里获得更多的收入机会，这是银行以前没有接触过的。例如，过去星展银行只能在抵押贷款申请过程中参与购房者的客户旅程，如今它可以从房地产市场获取来自合作伙伴的房源信息。它还在购物体验中加入了抵押贷款计算和可承受性评估，使客户旅程更加顺畅。

星展银行早期的成功合作伙伴有新加坡的Golden Village（影院）、Carousel（商品买卖）和GoJek（打车服务）。

建立生态系统合作伙伴关系

建立成功的生态系统伙伴关系需要投入时间、相互承诺以及对合作持开放态度。从开始合作到发生改变还需要韧性和信念。时至今日，随着星展银行开始着手改善客户旅程，对银行及其合作伙伴来说，如何确定公平的价值交换仍旧面临着些许挑战。

当双方或多或少都能从合作中获益时，生态系统伙伴关系才会产生最佳效果。每个合作伙伴还必须做出为客户提供更好体验的共同承诺，并对数据协作持开放态度。

随着星展银行不断推进业务协同，"让银行业务充满乐趣"的目标逐渐被嵌入客户的生活中。

星展银行通过了解客户，解决了个人客户和企业客户在开户期间面临的痛点。过去，企业客户开户平均需要45天。但现在，数字签名和开放API使得流程无缝化、无纸化，将开户时间缩短到6天以下。传统上，这一过程需要提交大量的实体文件，并在银行和客户之间进行多次迭代。人工智能和机器学习的使用解决了重复和人工处理的问题。

供应链数字化

API技术的应用让星展银行有能力与合作伙伴一起实现供应链的数字化。这使得星展银行不仅能够融入其他组织，而且能够以一种数字化之前不可能发生的方式融入整个行业。一个最典型的例子是食品和饮料的物流供应，星展银行可以使用API快速整合这方面的业务。

在使用API进行供应链管理时，星展银行可以进行突出跟踪。通过这种方式，它正在建立自己的橡胶交易所，并利用区块链技术来跟踪商品的来源。它还与谷歌等其他供应商合作，确保供应链信息能够可持续地传回本国。

2020年年底，在一家传统银行的支持下，星展银行推出了第一个综合数字交易所。

第十二章

生态系统案例

星展银行PayLah！和POSB Smart Buddy这两个生态系统的成功，为星展银行发展生态系统打下了良好的基础。

PayLah！

PayLah！是星展银行为新加坡客户开发的数字钱包。它于2014年推出，旨在成为新加坡最受欢迎的数字钱包。最初，它是一款专注于点对点支付的移动应用程序。新加坡较小的市场为其构筑起一道抵御竞争的"护城河"，因此，星展银行认为新加坡的数字支付是它的"天下"。

2014年，星展银行开始应对来自阿里巴巴、微信以及其他全球性金融科技公司在亚洲各地掀起的巨大挑战。星展银行希望成为第一个在新加坡上市的银行，并成为行业领导者。作为拥有最大消费者基础的老牌银行之一，它能够为客户设计出最优的解决方案。这样，星展银行的管理层就可以自己做决定，而不是让别人替他们做决定。

在新加坡的数字支付转型实践

推出数字钱包需要改变用户的使用习惯。最初，拥有数字钱包并不能从感知上改变用户使用现金的习惯，因此它未能通过"牙刷测试"——用户至少每天使用一次该系统。

PayLah！"牙刷测试"的失败，让星展银行开始重新思考如何改变用户的习惯。它开始提供商户支付入口，并增加了账单支付、捐款、预付费充值和在线结账等功能。PayLah！的成功表明，对组织的每个部门来说，拥有相同的目标和接受新的经营方式是多么重要，即使最初这项改变可能会减少收入。

为了推广数字钱包，星展银行做出了以下三个战略决策：

1. 新的数字钱包系统必须与原有的一项垂直业务相结合，以避免在推广过程中出现相互蚕食的情况。例如，如果每笔数字钱包交易都在蚕食现有的信用卡业务，那么信用卡和数字钱包业务最终可能会互相竞争。PayLah！克服了这个问题。

2. 团队专注于现金交易领域，而非高价奢侈品领域，从而避免了尝试做太多的事情。该团队还专注于提高这种新模式的吸引力，在出租车、学生校园和"小贩中心"（新加坡美食广场）等地方进行推广，争取更多地取代传统现金交易的机会。

3. 团队采用了敏捷方法。这意味着团队吸收了来自不同业务部门的成员（如信用卡、区域办事处、渠道和存款业务），致力于让 PayLah! 成为新加坡最成功的电子钱包。将决策责任分配给团队，加速了迭代的进程，促进了从产品思维到敏捷思维的转变。早期，涉及数字化的银行外部人员与内部员工会被区别对待，形成了一种"我们与他们"的心态。敏捷方法可以帮助克服这个问题。如今，所有团队都已经合作了三到四年的时间。

管理层的支持和投资为 PayLah！的成功做出了巨大的贡献。

与此同时，星展银行停止使用"电子渠道"这个术语，转而使用"电子商务"一词，甚至被简化为"数字的"、"网络的"和"移动的"。因为它意识到，如今几乎所有的销售都是通过数字化平台完成的。随着数字化意识的发展，"渠道"这个词已经过时了。以数字化方式提供的产品就被视为数字化产品。例如，新加坡的客户向海外汇款时，星展银行允许99%的交易在线完成，而且完全是直通式处理。通过直通式处理，转账在几秒内就能完成，汇款方也可以立即收到确认信息。这种在线参与的模式，让DBS Remit（星展银行推出的特快海外转账服务。——译者注）不再是一个渠道，转而成为产品本身。2019年，汇款年交易额增长了超过50%。到2020年，汇款总额超过1亿新元。

随着思维的演变，员工不再为"线上"和"线下"（通过实体分支机构提供产品和服务）进行设计。今天，以客户为中心的解决方案和数字为先已经成为核心。

PayLah！在新加坡的推广

二维码的推广是PayLah！在新加坡开始流行的转折点，尤其吸引了那些不习惯使用信用卡的年轻客户。在这个转折点的六个月前，团队就在产品中安装了二维码功能，使PayLah！能够在2017年新加坡国内无现金支付系统"NETS"（Network for Electronic Transfers）推出二维码服务时，迅速获得钱包份额。二维码功能也是一个因素。不久之后，政府发布了推动采用和统一二维码的指导方针。

2016年，PayLah！获得了更广泛的认可，用户数量呈现指数级增长。这导致其在2018年成为新加坡的一款"超级应用程序"。没过多久，PayLah！通过了"牙刷测试"，成为一款日常应用程序。

DBS PayLah！的定位是一个数字钱包产品，而非支付工具。考虑到其他支付方式（如信用卡、Apple Pay、互联网银行等）的定位，零售银行团队努力在整个银行的产品体系中强调了这一定位。如今，星展银行仍在不断改进和调整客户可选的各种支付方案。根据客户的不同价值主张，为其推荐最合适的支付方式。

如今，数字钱包可以让客户轻松地购买电影票、购物、赚取商场积分、预订餐厅和支付车费，而且还在不断增加其他用途。这有助于星展银行更深入地了解客户，并经常提供改善客户旅程的服务。与此同时，这也有助于星展银行收集客户的数据。比如，如果客户在PayLah！上提前30分钟预订了一家餐厅，系统会进行预测分析，询问其是否需要叫车去餐厅。

如今，PayLah！拥有近200万名用户。

Ang Bao虚拟红包

2019年春节期间，零售银行团队在全球试行了第一款可加载二维码的Ang Bao（装有现金的红包，在春节期间发放）。这个可加载二维码的红包，让客户可以在不使用现金的情况下，保留中国新年送红包的传统。

送红包的人可以在PayLah！中将金额存入红包，接收者只需使用该应用程序扫描二维码，就能够接收新年红包。

在新加坡国庆期间，PayLah！Wave活动导致系统崩溃

在DBS PayLah！推出前期，团队注意到中国电视节目中的一项娱乐活动，参与者打开微信，摇手机赢现金。新加坡的团队复制了这个想法，设立了一个名为10万新元SGWave的推广活动。在2015年的新加坡国庆日，人们可以在预定的时间以一定的方式摇手机，赢取现金。团队在互联网和传统媒体上宣传了这项活动，鼓励人们使用PayLah！为国庆节祝福。

注册人数如此之多，以至于系统崩溃了。系统把激增的注册量误认为是黑客行为，导致PayLah！被停用了。高管决定在尝试中吸取教训，改正错误，然后继续前进。而在其他公司，发生这种情况可能会让一部分人被解雇。星展银行高管们的反应强化了银行的实验和学习文化。

如今，零售银行和机构银行业务部门正在研究如何整合其支付网关，这样企业客户就可以通过无缝网关管理零售业务，反之亦然。最终的目标是实现数据自助服务，即"多合一"。这意味着团队在使用数据改进工作时，不再需要获得许可。"多合一"意味着客户在他们想要或需要的时候，能够在合适的时间触达合适的产品。它还能识别每个客户偏好的通知方式，如通过应用程序通知或电子邮件的方式。

虽然这个结果实现起来比较复杂，但这个团队正在研究如何把"多合一"作为改善客户旅程的另一种方式。

生态系统合作伙伴

通过接入API，PayLah！已经演变成一个生态系统。虽然最初星展银行觉得与其他组织合作并不那么理所当然，但它已经成为数字化新思维和方法的一部分。

星展银行通过与各种生态系统合作伙伴合作，为客户提供更多价值，同时鼓励用户使用PayLah！。早期的成功案例之一是，它与新加坡的Comfort Delgro出租车公司合作，提高了客户的认可度。

星展银行还与新加坡国立大学校园内的美食活动（新加坡人最喜欢的活动之一）合作，进一步增加了PayLah！的吸引力，让学生养成了储蓄的习惯。

另一个生态系统合作伙伴是GOJEK（印度尼西亚雅加达的一家运输网络和物流初创公司）。2019年年中，GOJEK与PayLah！在司机网约车服务方面达成了合作。据GOJEK称，每天约有35%的网约车交易是用现金支付的。这种生态系统合作伙伴关系允许没有借记卡或信用卡的客户使用现金支付以外的其他支付方式，或者使用数字化支付手段。

利用星展银行的IDEAL RAPID（一种直通API解决方案），这种合作关系允许用户直接将费用支付到GOJEK司机的账户中。

星展银行的目标是2023年PayLah！的用户能够达到350万名。它将通过建立3Ps——支付（Payments）、合作伙伴（Partners）和平台（Platform）——作为长期战略路线图的一部分来实现这一目标。

POSB Smart Buddy

在实施数字化浪潮战略之初，高博德就在推动银行的各个部门挑战现状，以不同的方式进行思考。作为回应之一，零售银行团队解决了家长们在早上慌乱地给孩子们午餐钱的痛点。这个解决方案让新加坡的孩子减少了糖分摄入。

该团队采用敏捷方法，为小学生开发了一款可穿戴手表，让家长通过数字方式把午餐钱交给孩子。这款手表被称为POSB Smart Buddy。该敏捷小组在18个月的时间里，在三所学校试验了这款应用程序。

正如前面所提到的那样，数字化并不总是为了发明一个产品，而是为了创建一个平台。在这种情况下，如果供应商不接受该付款方式，给学生一块可穿戴的数字信用手表是没有用的。因此，该团队与学校的食品和饮料供应商合作，鼓励它们接受无现金交易。

> 正如前面所提到的那样，数字化并不总是为了发明一个产品，而是为了创建一个平台。

Facebook Messenger接口

然而，在2016年的试点期间，该团队意识到许多食品和饮料供应商都有自己的应用程序。寻找、下载和使用不同的应用程序对它们来说没有任何吸引力。为了解决应用程序过多的问题，该团队转向了大多数客户使用的Facebook Messenger。Facebook Messenger列出了参与项目的所有不同供应商。

2017年8月，POSB Smart Buddy推出了一个非接触式的支付生态系统，以互动、参与的方式在学生中培养理智的储蓄和消费习惯。这不仅帮助家长解决了给孩子午饭钱的问题，还能够让他们了解孩子在学校购买了什么食品。

POSB Smart Buddy的分析揭示了孩子们的饮食习惯，有助于父母教育孩子如何正确饮食和理智消费。新加坡政府开始关注POSB Smart Buddy，因为它能够帮助儿童改善饮食习惯，还可以根据数据得出趋势和洞见。

自POSB Smart Buddy推出以来，已有超过2.9万名学生使用这款免费的可穿戴手表，62所学校加入了这一倡议。

早期POSB Smart Buddy的成功，激发了零售银行团队对消费者服务的重新思考，他们开始从销售产品转向创建平台。POSB Smart Buddy并不是一款数字钱包产品，它是一个连接客户（学生）和供应商的平台。在新加坡，这些供应商还包括图书馆和书店。POSB Smart Buddy不仅能让家长追踪孩子的饮食和购买习惯，还能给新加坡健康促进委员会（Health Promotion Board，HPB）提供数据，帮助在校儿童减少糖分摄入。新加坡健康促进委员会提供鼓励健康生活的营养提示。

第十三章

客户的信任

星展银行一直关注系统性能和客户旅程行为之间的相互作用。与此同时，它也一直在研究客户旅程，以了解银行家们可以在何处预测客户行为。这两个想法结合在一起，被称为客户科学（Customer Science）。

为了创造愉快的体验，星展银行使用客户科学方法来创建观察工具和方法，协助其跟踪客户旅程。具体来说，它将客户行为数据与系统数据结合起来，构建实时分析模型。

> 为了创造愉快的体验，星展银行使用客户科学方法来创建观察工具和方法，协助其跟踪客户旅程。

客户科学的概念

利用从Netflix引进的概念，星展银行首先在Digibank上监测了客户行为，进行了客户科学测试。它还在印度建立了一个全职的客户运营部门，以便实时跟踪客户旅程。这使银行能够预测系统问题，甚至可以在问题发生之前解决问题。

例如，数据显示，印度的Digibank应用程序存在登录问题。利用客户科学，该团队监测发现，登录失败是由于客户行为问题，而不是系统问题。具体来说，这款应用程序的密码格式与印度常用的密码格式不同，导致登录错误率很高。银行的解决方案是规范登录系统，让密码恢复和重置变得更容易。于是，登录成功率从60%左右跃升至90%左右。印度尼西亚的数字银行也应用了这一改变。

这一概念是由银行管理层提出的，他们问："运营团队需要做些什么，才能让星展银行成为世界最佳银行？"答案之一是开发数据仪表盘。

数据仪表盘

关键不在于测量什么，而在于如何测量。数据仪表盘提供了正确的测量方法，并且可以跟踪星展银行的员工是如何使用这些方法来改善客户旅程的。

> 关键不在于测量什么，而在于如何测量。

数据导向的模型有助于预防问题发生，提高客户的参与度，从而深化银行与客户的关系。

运营控制中心负责使用数据仪表盘实时监控客户旅程。该中心的系统会收集客户的行为和设备性能数据，通过短信、电子邮件或聊天机器人，帮助客户预测和解决潜在问题。数据导向的模型还使星展银行能够根据客户的需求构建超个性化的解决方案。星展银行工作人员通过在适当的时间介绍与客户相关的产品和解决方案来做到这一点。

每个组织都有数据，而来自数据仪表盘的数据已经成为影响客户行为的关键工具。下面介绍两个例子。

促使客户使用自助服务渠道

呼叫中心使用数据仪表盘预测客户的服务需求，并促使客户使用聊天机器人等自助服务渠道。数据有助于减少客户入站呼叫的次数，并缩短系统的响应时间。（2020年，聊天机器人的使用量从35万次增加到40万次，82%的请求由客户自行完成。）

过去，新加坡的客户中心每年要处理超过400万个客户来电，但现在，随着客户开始自行寻找解决方案，银行接到的电话数量持续下降。

在客户中心转型期间，星展银行对500多名员工进行了再培训，使他们能够胜任新的工作岗位，如语音生物识别专家、实时聊天客服和客户体验设计师等。

在绘制客户旅程地图时，数据和数字仪表盘也派上了用场。利用客户行为和设备性能数据，客户中心团队能够预测和解决潜在的问题，如交易失败或ATM机吞卡的问题。随后，团队通过短信、电子邮件或聊天机器人帮助客户。

提醒客户做好退休计划

星展银行开发了一款名为"面向未来"（Face Your Future）的退休计划软件。这款软件可以使用面部识别和人工智能技术，描绘出客户退休后的样子。这款软件的推出，为目标客户提供了一个可以帮助他们做好退休计划的工具。此外，该软件还能根据用户理想的生活方式来预测他的退休开支。

保护客户数据的责任

当然，星展银行非常重视数据保护。除了各个国家和地区的规定，星展银行还考虑了以下这些因素：

- 如何处理数据。

- 客户对数据的态度。

- 他方使用/我方使用的定义。

- 客户如何看待恰当性。

- 客户如何看待适合性。

- 谁应该被允许访问数据。

- 参与者的角色。

为了监督数据的使用，星展银行管理层引入了PURE框架。

- P代表目的（Purposeful）——数据的使用应该有目的。

- U代表预期（Unsurprising）——数据的使用应该符合个人预期。

- R代表尊重（Respectful）——数据的使用应该尊重个人，并考虑到社会规范。

- E代表可解释（Explainable）——数据的使用应该是可解释的和合理的。

例如，当星展银行使用第三方数据时，它必须告诉客户这样做是遵守PURE框架的。在收集数据时，要求员工提出并回答以下这些问题：

- 我们是否告知客户这些数据的用途？

- 数据的使用对所有相关人员来说都是符合预期的吗？

- 银行会尊重并有目的地使用数据吗？

- 数据的使用和结果能被解释吗？

- 如果客户问为什么他们成为被分析的对象，为什么使用他们的数据，以及如何使用他们的数据，我们能够自信地回答他们吗？

获得客户的信任是数字化浪潮战略的核心组成部分，星展银行应该始终将其铭记在心。

思考题

1. 以客户为中心，对你的组织来说意味着什么？

2. 怎样才能变得更加以客户为中心？

3. 在数字化转型的过程中，管理层的思维模式需要做出什么改变？

4. 如何确保整个组织的决策是以客户为中心的？

5. 对于客户来说，最重要的"要做的工作"是什么？

6. 在数字化转型的过程中，不应该再提供哪些产品和服务？

7. 如何采用客户旅程地图？

8. 如何识别并解决客户旅程中的痛点？

9. 如何采用设计思维？

10. 如何收集改善客户旅程所需要的数据？

11. 如何确保客户对你使用其数据的信任？

12. 如何才能建立正确的生态系统？

第十四章

数字化浪潮战略的第三个原则：设计文化并像创业者一样思考

当数字化浪潮战略启动时，管理层开始思考文化需要如何转型才能支持战略落地。这是否与速度、敏捷、以客户为中心、创新有关，还是有其他什么因素？

设计文化

为了探索这个问题，星展银行推出了"设计文化"（Culture by Design）项目，该项目明确了为实现数字化浪潮战略需要做出什么改变。

"设计文化"项目首先明确了星展银行的发展目标，厘清了实现这些目标会碰到的所有障碍。随后，该团队通过实验来学习如何克服这些障碍。在这些实验中，简单的如改变词汇，复杂的如制定一套全新的政策或流程。

一个关键的结果是，星展银行想要模仿初创企业的文化。如今，星展银行对创新的渴望已经刻入其DNA。

为了发展这种文化，领导团队严格定义了5个特征，简称ABCDE，这些特征已完全融入其DNA。分别是：

- A（Agile）代表敏捷方法。
- B（Be a learning organization）代表学习型组织。
- C（Customer obsessed）代表客户导向。
- D（Data driven）代表数据驱动。
- E（Experiment and take risks）代表尝试并承担风险。

这5个特征将在之后的章节中分别进行解释。

> "设计文化"项目首先明确了星展银行的发展目标，厘清了实现这些目标会碰到的所有障碍。

过去在亚洲浪潮战略下所做的变革已经开始改变星展银行的文化，但要想让数字化浪潮战略取得成功，还需要更多的改变。亚洲浪潮战略下的文化变革使管理层和员工对变革持开放的态度，这为其向创业文化转型奠定了必要的基础。

创业文化的最大障碍

早期，管理层提出了一个问题："在组织中建立创业文化的最大障碍是什么？"他们认为阻碍创业文化建立的最大障碍是开展会议的形式。星展银行召开了太多无效的、漫无目的的会议。于是，他们推出了"会议负责人和快乐观察者"（MOJO）项目。

> 在组织中建立创业文化的最大障碍是什么？

会议负责人和快乐观察者

MOJO项目希望在全公司范围内推广有效的会议，从而最大限度地利用每个人的时间。

会议负责人（Meeting Owner，MO）的职责是：

- 陈述会议的目的和背景。

- 在最后总结会议要点。

- 确保每个人都有平等的发言权,发挥集体智慧的作用。

快乐观察者(Joyful Observer,JO)的职责是:

- 记录时间。

- 确保对会议负责人的表现给予诚实的反馈。如果一名会议负责人收到太多负面反馈,他将不再被允许组织会议。

从此,每次开会都有会议负责人和快乐观察者,开会效率提升了一倍多。具体来说,会议负责人和快乐观察者确保了会议按时开始和结束,替员工节省了50多万个工时。快乐观察者可以频繁地提供反馈,员工可以认真地采纳这些反馈。这使星展银行提高了根据反馈做出改进的能力。此外,表示自己在会议上拥有同等话语权的员工比例也从40%大幅提高到90%。

> 具体来说,会议负责人和快乐观察者确保了会议按时开始和结束,替员工节省了50多万个工时。

最初,会议室内张贴了一些标记,来提醒员工成为会议负责人和快乐观察者。办公区域周围也出现了标牌,提醒员工成为会议负责人和快乐观察者。如今,他们开始使用数字推送。每个月,会议负责人都会收到快乐观察者的电子邮件,获得对他们表现的反馈。

包括高博德在内，星展银行的每个人在开会时都采用了这一做法。高博德也曾因为开会不积极而被快乐观察者点名。在一次会议中，快乐观察者告诉这位首席执行官，他没有认真听取其他人的意见。高博德是一个优秀的榜样，他感谢快乐观察者的反馈，并给予了他鼓励。这一消息传遍了整个银行，鼓励了其他人采取正确的开会行为。

这种允许员工给首席执行官负面反馈并因此受到表扬的文化，让快乐观察者有了安全感。这对理想的团队和文化发展至关重要。

星展银行甚至开发了一款面向公众的MOJO应用程序。除了解释角色，这款应用程序还提供了MOJO生产力计时器，它的特点是在会议结束前10分钟和5分钟通过自动蜂鸣器报时。它还可以持续地提醒快乐观察者给予反馈，并在最后提醒其结束会议。

会议质量的提高大大促进了星展银行的积极文化，并提高了日常运营的有效性。最重要的是，它解放了员工的时间，让他们专注于更有价值的活动。

快乐空间

工作环境也是文化的重要组成部分。创新的文化需要工作环境的支持。在星展银行，他们开发了快乐空间（Joy Space）。

"快乐空间"意味着建筑空间的组合倡导开放式的协作，以彻底改变工作环境。此外，星展银行鼓励敏捷方法以及其他能够促进"设计文化"项目的行为。

在GANDALF组织的启发下，星展银行推出了有利于协作的移动座位，鼓励了敏捷文化的发展。它也受到了GANDALF中"合适的环境匹配新的工作实践"这一思想的启发。例如，当员工有问题要解决时，他们可以在开放的空间里找地方聚在一起，甚至可以坐下来一起讨论。这在鼓励敏捷文化的同时，也结束了挥之不去的竖井心态。

> 在GANDALF组织的启发下，星展银行推出了有利于协作的移动座位，鼓励了敏捷文化的发展。

PRIDE！

在三大浪潮战略实施过程中，星展银行的价值观持续支撑着组织文化，并驱动行为的改变。

PRIDE！价值观塑造了星展银行开展业务的方式以及员工之间的合作方式，各字母分别代表：

- P（Purpose-driven），目标驱动。

- R（Relationship-led），关系导向。

- I（Innovative），创新。

- D（Decisive），果断。

- E（Everything Fun），充满乐趣。

在这里，所有人都认可并庆祝他人的贡献和成功。大家思想开放、善解人意、尊重他人。由此，星展银行创造了快乐的工作文化，员工被激励成为一个伟大团队的一员，在一起享受快乐。

快乐的工作文化

这种快乐的工作文化不仅对星展银行的业务产生了影响，还影响了客户的业务和生活方式。客户是星展银行一切工作的核心，驱动银行不断提出卓越的解决方案，提高可持续发展能力。

在星展银行内部，这种快乐的工作文化给员工带来了安全感，促进了他们之间的信任与合作。这是因为他们基于数据做出决策并庆祝成就。

> 在星展银行内部，这种快乐的工作文化给员工带来了安全感，促进了他们之间的信任与合作。

ABCDE、MOJO、Joy Space和PRIDE！是转变文化的关键举措，使每个员工都拥有"让银行业务充满乐趣"的激情。

第十五章

敏捷方法

2016年，在学习了技术型组织的运转模式之后，星展银行的管理层认为技术和业务不是两个独立的领域，并决定将二者融合在一起。

星展银行在内部建立了敏捷平台，加速了技术和业务在银行内部的融合，也就是说，让拥有共同预算的员工使用一组应用程序，共同实现战略目标。"技术就是业务，业务就是技术"这句口号在星展银行内部流行了起来。

技术就是业务，业务就是技术

"技术就是业务，业务就是技术"，这句话催生了将业务人员和技术人员聚在一起的平台。技术人员和业务人员因为共同的战略、目标和举措走到了一起。他们就一些问题展开了探讨，如设定优先级时应该先考虑功能还是稳定性。

敏捷方法配合愉悦的工作环境，让星展银行实现了许多银行多年来一直渴望实现的目标：撤掉前台、中台和后台人员。它还为星展银行文化转型的成功做出了重大贡献。

> 技术人员和业务人员因为共同的战略、目标和举措走到了一起。

"二合一"框架

敏捷平台将技术和业务融合在了一起，改变了团队内部的工作关系，提高了决策的效率和透明度，打破了部门之间的边界，部门之间可以共享所有权。为了搭建这个平台，星展银行使用了"二合一"框架，这在第七章的最佳实践中提到过。它展示了业务团队和技术团队如何一起开发和维护平台，如何致力于共同的战略、目标和具体举措。

2018年，星展银行推出了敏捷平台，在此基础上打造了生态系统，改善了业务部门和技术部门之间的关系。之后，围绕数据、支付、人力资源等整合业务或单一业务，已经生成了33个不同的平台。

> 2018年，星展银行推出了敏捷平台，在此基础上打造了生态系统，改善了业务部门和技术部门之间的关系。

星展银行成立了由高管组成的平台委员会，为平台运营提供战略性的支持和引导。在"技术就是业务，业务就是技术"这一口号的激励下，他们满怀激情地认为，平台运营模式定义了业务的未来。

向敏捷平台转型

传统组织往往效率低下，充满官僚气息，忽视客户需求，会议繁多，需要层层审批。敏捷方法可以应对这些挑战。为了支持组织的文化转型，星展银行把最初采用敏捷方法的人员分派到各个团队中。

敏捷小组有6个成员，他们要在短时间内实现某个明确的目标。其中，至少有一个团队成员是该业务领域的专家或产品负责人，负责在整个过程中强化客户的要求。

如今，在运营区域经常能看到正在进行站立会议的团队成员，团队成员来自不同部门，分别汇报其面临的挑战和进展。这种站立会议的时长在20分钟左右。

出人意料的是，星展银行中早期采用敏捷方法的部门有审计部门。

惊人的敏捷审计

想象一下这样一个场景：审计部门收到来自业务部门的电子邮件："你们什么时候审计我们？"你就可以体会到审计部门是如何利用敏捷方法成功转型的。审计部门在完成审计后也会收到感谢信。

审计部门正在从业务的阻碍者变成赋能者，从而让银行业务充满乐趣。当你想到采用敏捷方法的部门时，通常并不会很自然地马上就想到审计部门，审计部门甚至会被排在第三位之后。但是，要了解星展银行的转型，首先要了解审计部门的转型，以及它为银行数字化转型带来的巨大效益。

> 审计部门正在从业务的阻碍者变成赋能者，从而让银行业务充满乐趣。

审计部门通常被称为"第三道防线"。业务部门是第一道防线，监管职能部门（包括风险管理部门、法务与合规部门）构成第二道防线。审计团队成员向自己发问："如何在数字化浪潮战略中有效发挥自己的作用？"他们知道，想要取得成果，他们必须做出改变——就像星展银行的其他部门正在做出改变一样。

在实施数字化浪潮战略之前，审计部门被认为是阻碍星展银行内部信息交流的屏障。有时，审计人员不得不向业务部门索要数据。审计人员根据手头的信息以及他们对业务风险和控制水平的认知来确定审计范围，然后将确定的审计范围传达给适当的业务部门。这一过程是相对死板的、受范围限制的、耗时的和僵化的，难以响应新的范围需求或后期的变更请求。

2016年，审计团队在业务和技术上做出了突破性的尝试。传统的、严格的、线性的、有序的审计方法，无法处理技术和业务团队承担的常规的敏捷冲刺。敏捷冲刺是技术和业务团队数字化的一部分。过去的审计范围很难考虑到新的风险或意想不到的领域。因此，团队尝试了一种新的审计方法，旨在解决传统审计方法可能产生的偏差。

新的方法意味着团队可以通过改变审计系统的工作方式来参与数字化浪潮战略。团队成员培养了用不同方式进行审计的思维模式。然后，他们研究了如何利用数据，以及如何以开放的心态挑战传统的审计方法。这不仅包括使用人工智能、数据挖掘，购买更多的系统，以及使用更多的应用程序，他们自己以及他们的工作方式也都得到了改变。

审计团队使用无偏见抽样检查，根据代表人群的特定角色来识别风险。实际上，敏捷的审计技术让团队从后知后觉到先见之明。具体来说：

- 从样本数据变成了可自动下载的数据。
- 从手动提取和审查数据变成了样本自动检查。
- 从周期性审计变成了按需审计和连续生成报告。

团队还在思考如何百分之百地检查数据，从而在错误发生之前更好地预测更可能出错的领域。这一想法最初被各分支机构用作风险分析，并产生了惊人的效果。

分支机构风险分析

在零售银行事业部，早期的成功归功于分支机构在审计时使用了预测分析。

利用机器学习技术，审计团队可以预测哪些分支机构在未来一段时间内可能会遇到风险事件。之后，星展银行可以根据预测结果分配稀缺资源，并对这些分支机构进行更为深入的审计。

利用大量数据（如客户交易和投诉、分支机构状况、员工指标、历史风险事件），该团队开发了分支机构风险分析工具。该工具不仅能够识别具有潜在高风险的分支机构，还将重点放在分支机构内的特定流程上。实际上，它使审计团队在审计分支机构时能够获得最佳结果。

星展银行总部的审计人员很快就认可了使用分支机构风险分析工具的好处，并对其进行了推广。如今，该工具在星展银行的主要市场上都得到了应用。

新的审计方法

新的审计方法的推广需要整个银行转变观念。敏捷审计试点基于杰夫·萨瑟兰（Jeff Sutherland）和肯·施瓦伯（Ken Schwaber）开发的scrum方法。在银行的敏捷项目管理方法中，由项目团队负责安排工作，而不是由业务主管给出详细的指示。

试点项目成功了。2017年，实施敏捷审计的比例刚刚超过15%（28次），2018年这一比例上升至50%（93次）。最初，两名审计人员被培训为scrum大师；如今，scrum大师已经超过40位。

相较而言，使用旧的审计方法，业务部门会被打扰6~8周的时间，而且部门间几乎没有业务方面的合作。审计本身耗时耗力，工作量很大。如今，敏捷审计极大地减少了原有业务被中断的时间，因为很多工作都是由审计团队独立完成的。团队再也不需要被困在会议室里与业务主管开会，取而代之的是在办公室里召开20分钟的"冲刺"（Sprints）会议。

通过 Sprint 0 研讨会来识别风险点

敏捷审计从Sprint 0研讨会开始，先简单介绍新的方法，再讲解被审计的业务，以半日制、端到端的流程演练为特色。业务主管和审计人员需要培养讨论交流的能力。

Sprint 0涉及审计团队和业务团队，他们聚在一起共同识别关键风险和控制要点。业务团队可以帮助识别可能出现欺诈风险的地方。

团队在两周一次的Sprint 0研讨会中一起识别风险点。从开始计划到最终报告，整个过程需要6~8周的时间。但是，员工并不会长时间地离开他们的工作岗位。每隔一段时间，审计团队就与业务团队进行短期的合作，这就是这些会议被称为"冲刺"会议的原因。

除了改变审计方法，敏捷审计也改变了团队之间的沟通方式。审计团队以值得信任的顾问的角色与业务主管进行沟通。

工具升级：冲刺阶段、看板、时间盒、MoSCoW

业务团队和审计团队在"冲刺阶段"一起识别风险点。但这种方法似乎违背了审计的逻辑。为什么要在可能发生舞弊行为的领域警告潜在的即将被审计的"嫌疑人"？审计团队有"第六感"。通过使用审计工具，团队成员在"冲刺阶段"收集并分析所有人的反应，并识别警告信号。

为了确保审计能够顺利地按时进行，团队使用了"看板"（Kanban Board）——敏捷方法中用来显示工作流的可视化白板。如果这个说法很眼熟，那是因为在质量改进计划中已经采用过看板了。在审计过程中，每个人都可以看到"看板"，因而所有利益相关者都可以了解相关风险。这样，审计过程中就不会出现意外，因为业务团队和审计团队都对看板有所贡献。重要的是，审计过程被分解成小范围的、可管理的各个阶段。看板还可以帮助审计团队建立信任、识别"冲刺阶段"。

"冲刺阶段"将审计过程分解为"时间盒"（Timebox）内的持续时间。"时间盒"是敏捷审计使用的核心工具。参与者使用"时间盒"设立严格的时间边界，并明确行动的目标或团队成员的交付物。他们决定会议持续的时间，如30分钟，然后说明会议的可交付成果是什么。一般情况下，使用"时间盒"会迫使演讲者优先考虑最重要的事情。在敏捷审计期间，"时间盒"还会显示审计所需的时间，并确保其按计划运行。这个工具向每个人强调，审计不会因为花费太多时间而成为障碍——这是对旧审计方法的常见抱怨。

时间限制使团队专注于手头的任务，并通过成员在更短的期限内交付较小的成果来提高生产力。此外，相关人员也不希望承担减慢审计速度的责任，在"看板"上被单独列出。员工倾向于拖延工作时间，这种做法非常普遍，被人们称为"帕金森定律"。"时间盒"克服了这种惯性，让人们按部就班地工作。

另一个采用敏捷方法的工具叫作MoSCoW。MoSCoW使业务团队和审计团队在确认风险点时就哪些行动是必须采取的（Must）、应该采取的（Should）、可以采取的（Could）或不用采取的（Won't）达成一致。使用这个工具，团队会优先考虑需要做什么和不应该做什么，这同样是非常重要的判断。

敏捷审计中还使用了"问题寄存器"（Issue Register），用于记录审计中出现的所有问题。它有助于划分和监控出现问题的周期，并跟踪行动是否取得了成功。此外，它还有助于将问题的影响降到最低。

审计方法的获奖情况

星展银行审计部门的创新方法得到了认可。但令人惊讶的是，它得到的并不是来自新加坡银行协会的肯定，而是来自新加坡工程师协会的肯定。2015年和2016年，新加坡工程师协会将技术创新成就奖颁给了星展银行审计团队。

此外，该团队在2016年获得了东盟杰出工程成就奖，奖励其在开发一种数据分析驱动的解决方案中发挥的作用,该解决方案有助于检测和防止在新加坡发生的交易违规行为。这一奖项来自东盟工程组织联合会。

财务部门的审计

敏捷审计特别受欢迎的一个地方是财务部门,在那里,时间就是金钱。新审计方法的"冲刺阶段"提高了整体效率,极大地减少了财务部门管理银行资金的时间。

人工智能的审计

审计团队正在解决如何审计银行使用人工智能的问题。随着银行的发展,系统处理的数据量飙升,业绩追踪的需求也与日俱增。例如,团队如何审计一个聊天机器人?需要什么样的新算法来审计当前的算法?

如今,审计团队能够在不增加新成员的情况下,利用预测审计和数据分析功能,逐步提高工作效率,高效地完成大量审计工作。

敏捷审计代表了银行正在寻找的新思维和方法。它完全符合"让银行业务充满乐趣"的理念。同样重要的是,它使审计为员工带来快乐。敏捷审计的故事是星展银行转型成功的缩影,展示了星展银行作为学习型组织的开放性。

第十六章

学习型组织

星展银行认为，让员工建立起成长型心态是至关重要的，这样他们才能不断地学习、成长和适应变化。这种信念提升了整个组织的持续创新能力、成长能力和弹性，同时为员工个人的职业发展增加了弹性。

为了提升学习方法的有效性，星展银行创建了黑客马拉松等体验式学习项目。员工在这里与初创企业、领先组织和程序员合作，尝试解决巨大的业务挑战。他们还采取了一些举措，授权银行员工自己进行再培训并提高技能。

以下是星展银行为了成为一个更好的学习型组织而采取的十个最佳实践。

成为学习型组织的最佳实践

最佳实践一：员工参加培训，无须获得经理批准

早些时候，为了提升员工技能，星展银行决定，员工在参加成本低于500新元的培训课程时，无须获得经理的批准。这大大提高了员工的参与度和学习能力，同时鼓励他们建立成长型心态。

> 早些时候，为了提升员工技能，星展银行决定，员工在参加成本低于500新元的培训课程时，无须获得经理的批准。

不过，这有一个条件。每个员工都要在接受培训后把自己学到的东西教给同事。这种做法强化了星展银行的学习文化，支持员工学习新的

技能，并且自然地缓解了同伴压力，因为员工不想在同事面前让自己难堪。如今，星展银行的一名员工可以从6000多种不同的课程中进行选择。

最佳实践二：回到校园

实施数字化浪潮战略意味着重塑银行。对员工来说，这意味着他们需要学习新的工作内容，这需要一种学习文化。

这就产生了"回到校园"（Back to School）项目。受谷歌的"g2g"教学网络的启发，员工们要抽出一部分时间帮助同伴学习重要的技能。

"回到校园"项目以大师班为特色，主要由内部主题专家在类似学校的环境中进行授课。老师包括GANDALF学者，他们首先学习所需的技术架构，然后教授给他们的同事。

自2017年推出以来，"回到校园"项目已经成就了100多名老师。到2020年，参与人数已超过9000人，小视频点击量达到1.1万次。

最佳实践三：干中学

在个人转变的过程中，学习只占10%，其余的时间都是在实践。

在数字化浪潮战略实施的早期，人们就意识到要在"干中学"了，直到他们意识到在教室里学习技术是行不通的，这个理念才变得更加清晰。

> 在个人转变的过程中，学习只占10%，其余的时间都是在实践。

"干中学"最初是由转型团队推动的，该团队鼓励员工参与客户旅程、设计思维、敏捷、黑客马拉松等活动。该银行专注于创造一种可以让员工安全地进行试验并允许失败的环境。它甚至为失败和敢于开口要钱的人颁奖。

最佳实践四：采用黑客马拉松

2015年，黑客马拉松被引入星展银行，它支持"干中学"的理念，为员工提供一个帮助转型的平台。员工可以看到当他们应用数字化时可能会发生的事情，以及可以用多快的速度创造和实施新的解决方案。

早期的黑客马拉松变成了潮流，尤其是第一届黑客马拉松促成了Digibank的诞生。第一届黑客马拉松的部分参与者表示，这是他们职业生涯的决定性时刻。

星展银行的黑客马拉松从参与者讨论数字化和未来趋势开始，之后，银行外的创业企业家会受邀成为参与者，在两天内解决一个业务问题。在这两天里，银行家和企业家在合作寻求技术解决方案的同时，利用彼此的优势来解决问题。

黑客马拉松还改变了管理层的理念，过去他们认为开发这类解决方案需要耗费6个月的时间和数百万新元。

最佳实践五：40岁以上员工参与的黑客马拉松

在星展银行举办的第三届黑客马拉松中，高博德只有一条规则：团队中所有星展银行员工必须超过40岁。举办这场40岁以上员工参与的黑客马拉松，是为了消除这样一种观念：数字化只适合年轻员工，而年长员工跟不上潮流。一旦这种想法被证明是错误的，人们就开始相信年长员工有能力做出改变。

> 在星展银行举办的第三届黑客马拉松中，高博德只有一条规则：团队中所有星展银行员工必须超过40岁。

这是一个精明的举动，因为许多公司有着根深蒂固的"年长员工无法做出改变"的观念。这也强化了高博德在第七章中提到的"让羊变成狼"的愿望。

最佳实践六：星展银行全球黑客马拉松——一种范式转变

2019年，星展银行邀请了来自67个国家的1000多名的参赛选手，争夺10万新元总奖金。这场黑客马拉松旨在使用以客户为中心的方法，通过创意、原型设计和向银行推销来开发尖端服务，寻找创新的、未来的解决方案。特色主题包括超个性化、日常保险、零售银行的人工智能和可持续发展等。

300多个团队与来自星展银行及其合作伙伴的74位导师合作。在17周的时间里，他们开发了一个工作原型，利用机器学习、增强现实、虚拟现实、物联网等技术来改善客户体验。来自俄罗斯、印度尼西亚、马来西亚和新加坡的团队进入了最后的环节。

在最后48小时的冲刺结束时，来自马来西亚的"转变范式"（We Shift Paradigm）团队以建立更包容的银行体系的想法击败了其他11个团队。

最佳实践七：预孵化器

在另一种方法中，星展银行创建了一个预孵化器，主要与金融科技以外的初创企业合作。在星展银行，这些预孵化器项目并不是为了投资；它们是发展的机会。

预孵化器是一个为期三个月的项目，为大约15家初创企业提供基础设施、指导和准入服务。比如，有一家初创企业在做竹制自行车，还有一家在研究如何利用超市不想要的丑陋水果。

预孵化器还允许星展银行的管理层作为初创企业的指导团队，或出席初创企业的推介活动，从而参与初创企业的经营管理。这种方式不断发展，催生了人力资源聊天机器人JIM、外卖（通过Facebook messenger）等成功的解决方案。

最佳实践八：Wreckoon——挑战现状

Wreckoon是星展银行学习型组织的吉祥物。鼓励员工不断突破界限，测试最好的想法和假设。

星展银行借鉴了Netflix"混沌工程"（Chaos Engineering）的想法，并以此为基础创建了Wreckoon，作为一款自助工具来测试开发中的应用程序的弹性。学会使用Wreckoon是星展银行员工的一门必修课。

为提升视觉效果，星展银行创造了Wreckoon的形象：一只拿着剧本和锤子的浣熊，脚下是一堆石头，上面写着"现状"。作为一款自助工具，Wreckoon通过暂停会议和鼓励不同的观点来挑战并测试开发的现状。"Wreckoon会怎么说？"六个发人深省的问题接踵而至：

1. 最大的风险可能是什么？

2. 各种方案孰优孰劣？

3. 会出现什么问题？

4. 从哪里获取数据？

5. 我们最薄弱的环节是什么？

6. 我们忽略了什么？

在图片的底部，附注写道："心理安全就是创造一个安全的环境，让每个人都能畅所欲言，鼓励不同的观点。"

最佳实践九：采用人工智能和机器学习

为了加快人工智能和机器学习在整个银行中的应用，星展银行与亚马逊网络服务合作，培养了一批具备人工智能和机器学习基本技能的员工。

星展银行与亚马逊网络服务联合推出了DeepRacer联盟。星展银行的员工首先会参与一系列的在线操作教程，学习人工智能和机器学习的基础知识。随后，他们会构建自动驾驶赛车模型来测试自己的新知识，并将其上传到虚拟的赛车环境中。在那里，他们一边友好地参与比赛，一边对自己的模型进行实验和微调。

包括高管在内的约3000名员工参加了DeepRacer联盟。它扩大了数字学习工具和平台的影响力，使员工即使不在办公室里也能够升级技能和学习新知识。

最佳实践十：重新培训员工

2016年，管理层认为约1200个工作岗位（如银行柜员、呼叫中心人员等）将在未来几年内消失。于是，他们启动了一项主动调整规模的计划，为各个岗位创建了一整套技能矩阵。具体来说，他们明确了当前哪些工作可以转化为未来的工作，在此基础上还需要培训哪些技能。

2020年，管理层再次讨论了那些即将消失的工作岗位。他们努力为那些即将受到影响的员工提供替代性的工作。此外，为了支持员工规模的调整，2017年，该银行计划在五年时间内投资2000万新元用于项目开发，使员工能够在数字化世界里拥有竞争力。该项目鼓励所有员工大规模参与并使用数字技术。涉及范围有：

- 支持全天候访问的人工智能驱动的在线学习网站。

- 内部创业项目和黑客马拉松等体验式学习方式，允许员工带薪休假、制作原型并自主创业。

- 以1000新元投资的形式提供的用于个人培训的助学金和奖学金。

- 包括星展银行学院和星展银行Asia X创新中心在内的创新学习空间。

这项工作还包括在2017年推出的DigiFY，一个旨在将关键员工转变为数字银行家的在线学习平台。DigiFY传授了七类技能：敏捷、数据驱动、数字化业务模型、数字通信、数字技术、客户旅程思维、风险与控制。一旦员工在这里掌握了课程知识，他们就有资格把这些知识传授给其他同事。超过八成的星展银行员工已经完成了这些课程。

这项工作还包括数据英雄（Data Heroes），一个用于构建数据分析能力的项目。这个为期6个月的项目包含丰富的操作课程，能够提升员工分析数据的能力和意识。

星展银行还鼓励体验式的学习和实验。通过星展银行 Xplore项目，员工能够参与跨部门项目，拓展自己的视野。在学习的同时，所有项目都在提醒员工要培养以客户为中心的意识。

第十七章

客户导向

"客户导向"不仅仅是星展银行的一句口号，它已经嵌入了星展银行的DNA。不管是日常运营，还是应对挑战，星展银行始终围绕客户"要做的工作"，并利用客户旅程来寻找新的解决方案。

> "客户导向"不仅仅是星展银行的一句口号，它已经嵌入了星展银行的DNA。

一种管理学派的观点认为，如果公司关心员工，员工就会关心客户，而客户又会保证公司的财务表现。而星展银行奉行的理念是，首先要照顾好客户，这样才会照顾好员工。两者结合起来，才能提高财务表现。

> 而星展银行奉行的理念是，首先要照顾好客户，这样才会照顾好员工。

第三个战略原则包括"客户导向"，旨在强调服务客户在整个组织中的重要性。下面介绍来自零售银行事业部和人力资源部的两个例子。

案例一：零售银行业务变得更加"客户导向"

零售银行业务是星展银行最公开透明的业务，它的数字化转型也最引人注目。

为了"让银行业务充满乐趣"，零售银行团队确定了三个核心原则，从而变得更加"客户导向"：

1. 产品设计坚持以客户为中心，运用设计思维。

2. 致力于实现"无来电、无分行、无现金"的客户旅程。

3. 致力于应对"直通式处理"的珠峰挑战。

产品设计坚持以客户为中心，运用设计思维

产品设计和渠道拓展都必须接受这些原则。团队成员要转变对产品和服务的思考方式，以及将产品和服务交付给客户的方法。团队要运用4D框架和设计思维等方法推动转变发生。

致力于实现"无来电、无分行、无现金"的客户旅程

零售银行团队试图通过不开设分行的方式进行转型，这意味着允许使用互联网或智能手机实现简单、轻松、无缝的在线业务。客户不再需要打电话给客服中心，只需要利用在线服务进行金融交易和数字支付，从而消除对现金的需求。

星展银行也意识到，仍有一部分客户希望保留线下业务。例如，一些客户使用的是实体的POSB存折，可以在自动取款机上交易。（POSB银行于1998年被星展银行收购。）实现"无来电、无分行、无现金"的体验，是设计的核心原则。

致力于应对"直通式处理"的珠峰挑战

众所周知，银行的不同部门之间存在藩篱。例如，零售银行业务和机构银行业务之间就存在界限。"前台""中台""后台"曾经是银行业的通用语言。但在一个数字化的银行，这些术语不仅不再存在，更

无法存在。业务部门的一致转型，需要不同部门都朝着敏捷文化一起前进。

> 业务部门的一致转型，需要不同部门都朝着敏捷文化一起前进。

数字化浪潮战略为零售银行业务提供了新的结构和机会，改变了其运营模式。管理层专注于向"无运维"发展，追求一切自动化，也被称为"直通式处理"。

"直通式处理"是星展银行内部的另一个珠峰挑战，因为它消除了人为失误的机会，提高了客户服务的质量，而且降低了成本。在过去，为了应对"直通式处理"的珠峰挑战，星展银行采用了六西格玛等方法。某些方法在当时被认为取得了重大突破。如今，与数据驱动相比，这些方法显得相形见绌。

案例二：人力资源部注重内部的"客户导向"

"客户导向"的客户不仅指外部客户，还包括内部客户。在"让银行业务充满乐趣"的过程中，人力资源部通过三大支柱驱动了数字化转型，分别是：

- 客户导向，创造出令人惊叹的产品和体验。

- 实现员工生命周期自动化，利用机器人过程自动化、聊天机器人等实现人力资源数字化。

- 数据驱动，根据数据和洞察做出决策。

> "客户导向"的客户不仅指外部客户，还包括内部客户。

在吸引、保留和聘用人才方面，这三个支柱贯穿应聘者和员工的生命周期。关键成果包括提高运营效率，优化资源，降低风险，创造愉悦的应聘者和员工体验。

作为转型的一部分，人力资源团队建立了自己的人力资本分析模型。人力资本分析团队负责从提供报告到预测模型的整个分析范围，同时提供有关招聘、留任和生产力的见解。

> 作为转型的一部分，人力资源团队建立了自己的人力资本分析模型。

人力资源团队还不断引入符合员工价值主张的新平台，在提高员工技能方面保持领先地位。如今，新平台涵盖诸多方面，包括编写预测辞职的算法、开发人工智能招聘人员、进行内部客户旅程等。

在整合了员工反馈、综合评估市场基准的员工福利之后，2018年，人力资源团队推出了几项改进措施，包括：

- "iFlex$"——灵活的支出福利。

- "iHealth"——关于健康的信息门户。

- 家属保护保险——帮助支付工作期间去世的员工的子女生活费用。

随着员工期望和工作性质的变化，星展银行的人力资源团队不断重新设计文化，让人们的生活更美好。他们的目标是平衡财务和非财务利益，因为整个银行都希望能够变得更加数据驱动和更加快乐。

第十八章

数据驱动

数字化浪潮战略启动的关键在于确定银行要如何规模化地使用数据，将数字体验提升到GANDALF（谷歌、亚马逊、奈飞、星展银行、苹果、领英和脸书）其他成员一样的水平，并利用数据来提高得到客户认可的数量和频率。

"让银行业务充满乐趣"意味着敏捷、高效和不断创新，具有一定的扩展能力和出色的表现。此外，它还需要数据驱动的文化。

> "让银行业务充满乐趣"意味着敏捷、高效和不断创新，具有一定的扩展能力和出色的表现。

银行业务是否充满乐趣，并不能用应用程序的评分是上升还是下降来衡量。数据与客户有交集的地方，就是奇迹发生的地方。现在，整个银行的绩效都可以达到99%的水平，这是数据正在驱动数字化浪潮战略的完美表现。

> 数据与客户有交集的地方，就是奇迹发生的地方。

在向数据驱动的文化转型的过程中，星展银行的核心议题是利用数据实现客户价值最大化、控制风险（包括信用风险和运营风险）和增加收入。员工在日常决策中使用了数据，并采用了一些不寻常的举措，从而实现了指数级的增长。

数据驱动的运营模式

该银行使用"数据驱动的运营模式"（Data Driven Operating Model, DDOM）来解释数据驱动文化。尤其是随着人工智能的使用，DDOM在星展银行内部也在不断发展。

向数据驱动的文化转型，最初始于这三个方面：

1. 构建技能和文化——构建技能和文化，同时培养数据科学家、管理人员和拥护者，以推动价值创造。

2. 提高数据的可用性——允许高质量数据能够无障碍地被访问，同时对其保持控制。

3. 创建目标驱动的数据平台——创建一个可扩展的、安全的、高性能的架构和工具集，然后用数据驱动的案例充实它。

构建技能和文化

创建数据驱动的文化，更重要的是改变员工的行为，而不是数据本身。分析数据是比较容易的，困难的是鼓励人们改变原有的工作方式。例如，最开始人们总想要保护自己的数据，不愿意与别人分享。这种情况必须被改变。星展银行致力于开发无须批准就能即刻自动访问数据的功能，员工能否访问数据取决于其在银行的等级以及访问数据的目的。

> 创建数据驱动的文化，更重要的是改变员工的行为，而不是数据本身。

让位于不同国家和地区的星展银行的每个员工都培养数据驱动的文化，是一个巨大的目标。转型团队（数据办公室向转型办公室汇报）希望创造微小的成功，以建立对这种新的战略和数字化工作方式的信心。星展银行为员工提供的帮助越多，员工就会越多地使用数据。最初的两个成功案例如下所示。

更好的数据，更好的决策

多年来，星展银行已经在使用大数据并专注于分析数据。2014年，它与新加坡科学技术研究局合作，创建了自己的实验室，并让数据科学家与银行家合作。星展银行里任何想出好点子的人，都能获得进入实验室进行实验的机会。这让参与数据分析变得有趣。所以每个季度都会有很多人参与好点子比赛，那些被选中的人有机会去实验室将想法付诸实践。

这种没什么风险的方法，鼓励人们去了解数据分析可以做什么，尤其是在采用大数据的早期，当时很少有人了解它的潜在价值。这为数据分析团队开展工作奠定了基础。

从交叉销售到交叉购买的解决方案

在银行业，一个关键的机会是向客户交叉销售产品。在获客成本较高的情况下，交叉销售意味着一旦人们成为客户，银行的目标就是向他们销售更多的产品和服务。

当银行能够更好地利用数据了解客户以及客户所处的环境时，就能够更好地向客户提供建议。员工会问："根据收集到的数据，什么会吸引客户交叉购买产品？"

可用的数据有利于从交叉销售转向交叉购买，但这需要相当多的努力和相当长的时间。

提高数据的可用性

转型团队的重点是鼓励所有员工都能自如地进行数据分析，无论是小型数据分析还是大型数据分析，无论是基础分析还是机器学习。团队成员设定的初始目标是在星展银行内部启动200个数据驱动的项目。例如，预测抵押贷款客户流失，预测哪个客户会致电客户服务中心，以及减少反洗钱系统中的"假阳性"。

> 转型团队的重点是鼓励所有员工都能自如地进行数据分析，无论是小型数据分析还是大型数据分析，无论是基础分析还是机器学习。

> 随着全球贸易的增长，以及反洗钱和预防欺诈的监管要求的增加，我们认为应采取积极主动的方法来优化当前的风险管理流程。贸易警报项目帮助我们创建了一个更强大的平台，有助于发现贸易异常行为。我们现在能够利用大数据更有效地管理整体交易趋势。
>
> ——杨平（技术和运营团队董事总经理）

另一个最初的挑战是将数据报告从静态转变为实时决策。对于一个习惯使用幻灯片来报告和展示历史数据的组织来说，这并不容易。一开始，转型团队成员问业务负责人："你们打算做出什么决定？"然后，他们使用设计思维，研究了如何通过数据可视化优化项目决策。从现有的报告中，他们还可以看到用户在做什么决定。一旦明确了关键决策并达成一致，设计师就会着手构建一个仪表盘原型，突出这些决策和所需的相关见解，最后是原型测试和最终确定。

使用这种方法改变业务时的一个关键因素是，思考的是要解决的问题而不是要使用的数据。

在数据使用方面取得成功的案例如下所示。

减少报告数量

数据分析团队审查了整个银行每月发出的报告的数量。然后，团队开展了一个测试：停止发送所有报告，等着看是谁要这些报告。接下来，它取消了没有得到请求的报告。通过研讨会，数据分析团队继续培训员工自己提取数据的能力，并且只创建他们需要的报告。

> 停止发送所有报告，等着看是谁要这些报告。

在另一个例子中，人力资源部原本每个月需要写好几份报告。数据分析团队与人力资源团队合作，减少了报告的数量。由于对最初的报告削减量不满意，该团队还决定在接下来的一个月里不发送任何报告。除了收到的20份请求，其他没有得到请求的报告都被取消了。今天，在网上可以找到人力资源部的所有指导方针和政策，他们正在努力实现无纸化办公。

预测关系经理的离职

另一个早期的成功案例是，通过建模来预测分析关系经理考虑什么时候离开银行。在许多银行，关系经理的流动率很高。当时，这些数据只是放在银行里，没有被使用。数据分析团队和人力资源团队的成员发现，某些数据可以让他们预测关系经理是否有可能离职。这些数据包括：

- 他们从入职到第一次请病假的时间。

- 他们参加培训的天数。

- 他们所处分支机构的位置。

- 他们的月收入。

- 休假模式。

员工辞职前的600个行为数据点被用于机器学习，它能告诉星展银行哪些员工可能在三个月内离职，准确率高达85%。

如今，该分析模型每月会推送一份数字报告，提醒主管潜在的员工离职情况，并拟定管理者可以采取的具体措施。当他们采取这些纠正措施时，星展银行留下了90%以上可能离职的员工。在减少人员流动方面，每改善1%，星展银行就可以节省多达500万新元。

随着这些成功案例在星展银行内部得到推广，其他部门的管理者也开始研究如何有效地进行数据分析。以下是更多的例子。

创造指数级的结果

随着数据分析在星展银行内部的发展，管理层能够利用数据创造指数级的结果。例如，预测应用程序可能出现的故障，或者帮助客户通过呼叫中心提前处理可能出现的问题。

现在，星展银行通过使用数据来更好地了解客户，并将其应用于：

- 更自然地吸引客户。

- 更自然地服务客户，包括预测分析。

- 帮助客户识别并解决问题。

- 激励客户，如奖励长期客户。

数据分析团队使用算法来解决问题，比如，某个市场最适合在什么时候推出何种信用卡。它还使用客户科学来帮助客户预测可能出现的问题，并帮助他们提前消除这些问题。例如，团队会跟踪客户如何使用银行自有的应用软件，以及他们的每一次交互行为。他们的行为是什么？他们什么时候登录和退出？在研究这些数据的基础上，团队整合了业务，使用名为 Prophet 的时间序列预测模型来识别未来可能的失败。

数据分析团队还创建了一个卓越中心，由数据科学家和翻译人员组成。这些团队与业务团队合作，充分发挥数据的价值。

反洗钱的数据分析

数据分析在反洗钱中尤其有效，该领域的误报率可能高达98%。"假阳性"意味着可能误报了某种特殊情况。

每当系统发出警报时，就必须进行调查。因此，数据分析团队采用机器学习的方法对系统标记的"假阳性"进行审查。在学习了反洗钱规则之后,"假阳性"的数量减少了。团队有更多时间用于处理真实发生的事件。

机器学习的技能

在员工开始尝试数据分析之后,他们的技能和决策能力都得到了提高。使用特定的参数,能够帮助他们更好地定义问题。机器学习尤其需要清楚地定义问题。如果员工不能明确问题,他们就无法明确需要解决什么问题;同样,机器也不知道需要解决什么问题。

数据无处不在

员工发现,他们总是能找到一些可用的数据来开始工作,并且可以在之后的工作中获得更多的数据。这意味着"不要让有限的数据成为不进行数据分析的借口"。

> 这意味着"不要让有限的数据成为不进行数据分析的借口"。

数据分析团队鼓励员工至少每三个月使用简单的分析工具,并落实分析的结果。它强调,不是所有的分析都需要复杂的、先进的工具。在大多数情况下,他们可以从使用Microsoft Excel、Python和QlikView等工具开始。员工可以小规模地尝试这些工具,看看哪些有效,并确定哪些需要改变。这为员工带来了动力,从而带来早期的成功。

数据仪表盘

2017年,星展银行最大的改变是开始推广数据仪表盘。自动化的数据仪表盘有助于汇报，因为管理层希望在决策会议上看到统一设计的仪表盘，而不是幻灯片。通过仪表盘的形式实现数据的可视化，提高了员工的效率，帮助他们做出更好的决策。

> 2017年，星展银行最大的改变是开始推广数据仪表盘。

此外，自动化的数据仪表盘节约了大量写报告的时间。作为一种业务管理方式，数据仪表盘让每个人都牢记"星展银行做事与众不同"这一理念。

为数据而设计

数据分析团队需要同时处理各种数据带来的挑战。因为许多大数据项目的处理需要几年的时间，于是他们首先缩小了数据处理的范围，在此基础上持续地学习和改进。为了确保数据分析的可操作性，他们使用机器学习技术带来了许多价值。

团队还研究了如何让"为数据而设计"（Design for Data）融入银行的文化。这意味着，每构建一个新功能或新应用程序的时候，都需要预先考虑数据问题。他们不希望在应用程序推出后才说"我们希望拥有那些数据"。

如今，星展银行认识到，为了最大化成效，有必要将机器学习、高级分析与人类直觉相结合。它还使用数据和数据仪表盘来描绘客户旅程的每个阶段。这有助于预防问题，保持客户的参与度，从而增加银行的"钱包份额"。

> 如今，星展银行认识到，为了最大化成效，有必要将机器学习、高级分析与人类直觉相结合。

增加钱包份额

数据分析的美妙之处在于，通过深入挖掘数据，有助于做出更好的决策。管理层可以利用数据确认他们对收入和利润增长做出的任何假设。

在数字化转型开始的时候，星展银行就建立了数据库，用于追踪数字化转型为利益相关者创造的价值。通过观察利益相关者参与数字化活动的程度，管理层可以跟踪收入的增加和成本的降低，进而跟踪回报率的改善情况。

通过长期研究数据，管理层发现，当客户从传统渠道转向数字渠道时，星展银行的收入增长更快。此外，相较于那些使用传统渠道或从使用数字渠道转向使用传统渠道的人，坚持使用数字渠道的客户的收入增长速度更快。

为了提升数据的可靠性，管理层还需要确保数据不受特殊因素的影响。例如，"是否有一大群最富有的客户从传统渠道转向了数字渠道"，如果是的话，这就需要对数据进行长期研究，以确保假设成立。事实上，研究结果显示，这是一种因果关系，而不是相关关系，这意味着当客户开始使用数字渠道的时候，他们将与银行产生更多的合作，从而为银行带来更高的收入和利润。

客户数据也让星展银行了解到应该鼓励哪些客户使用数字渠道，而哪些客户既需要数字渠道也需要传统渠道。例如，尽管私人银行的高端客户可能会采用数字渠道，但他们仍然在很大程度上要依赖关系经理的建议来做出决定。

如今，银行通过加强数据分析能力和人工智能技术，为客户提供超个性化的服务。

创建目标驱动的数据平台

通过创建数据平台，星展银行转型成为数据主导的机构，为客户提供直观的产品和服务。

机器人过程自动化

2017年年底，星展银行与IBM合作，利用机器人过程自动化创建了一个卓越中心，优化了星展银行的许多业务流程。

聊天机器人

2018年，人力资源部推出了"HiRi"，这是一款由人工智能驱动的聊天机器人，能够全天候地提供简单、即时、个性化的响应。这款自助聊天机器人减少了员工花在打电话查询休假天数等日常事务中的时间，也让人力资源部的员工可以专注于更有战略意义的互动。

JIM——人工智能招聘人员

对数据最成功的实验和使用之一是JIM，即Jobs Intelligence Maestro（工作情报大师）的简称。2018年，该银行推出了东南亚首款虚拟招聘机器人，提高了招聘财富规划经理的效率。

> 对数据最成功的实验和使用之一是JIM，即Jobs Intelligence Maestro（工作情报大师）的简称。

2018年，为了支持快速增长的财富管理业务，星展银行希望聘请更多的财富规划经理。随着应聘者数量的增加，在与入围应聘者会面之前，招聘者通常要花费高达20%的精力来收集信息、回复邮件。人力资源团队希望能够简化流程，还希望能够减少文化背景、就读学校或平均绩点等因素带来的偏见风险。一个关键因素在于让招聘者和应聘者感到快乐。

JIM可以自动化简历的预筛选过程，收集应聘者的面试问题答案，并进行心理测量评估。

星展银行与一家名为impression .ai的四人创业企业合作，用一年的时间克服了共享信息的挑战和安全顾虑。在这个过程中，人力资源团队的员工获得了新的技能，很多人都成了聊天机器人的教练。

如今，JIM能够审核简历，收集应聘者对预筛选问题的回复，进行心理测量分析评估，并回答问题。它有很多好处：

- 全天候——应聘者可以任何时间申请加入星展银行，这样他就无须请假。这个过程对应聘者来说没有那么痛苦，而且在星展银行内部，招聘者每个月可以节省大约40个工时。

- 消除偏见——应聘者可以在网上查询星展银行的业务、文化和环境。他们可以查看职位描述的视频，并向JIM提问。如果他们喜欢看到的内容，还可以继续浏览。

- 筛选——利用数据分析，该银行已经构建了一个顶级销售人员的画像。这些信息为人力资源部评估应聘者提供了信息。例如，应聘者可能会回答一些情境性的问题，以展示他们管理难相处客户的能力。

- 心理测试——应聘者可以灵活选择最适合自己的时间进行心理测试。在使用JIM之前，这个阶段的淘汰率是50%，原因包括应聘者没有时间参加测试或招聘者没有及时跟进。

应聘者在顺利完成测试后就会收到面试安排。

此外，新员工的试用期也从3个月改为6个月，让他们有时间建立销售数据。正如模型显示的那样，3个月的时间实在太短了，无法看到业绩的变化。JIM等的应用让银行销售部门的新员工流失率从27%下降到18%。

量子图像识别应用程序

量子图像识别应用程序（Quantum Image Recognition Application，QIRA）是银行开发的劳动力指挥中心机器人，用于监测客户中心的呼叫队列并发送警报。从最初启动到上线，只花费了6个月的时间。

QIRA使用了机器人过程自动化，通过数字化和自动化改造了当前的指挥中心模式，做到了实时优化资源，提高了工作负载管理和分配的效率，使负载平衡速度提高了6倍。这一改进使员工能够把时间花在更有价值的任务上，如分析实时趋势和改进客户服务。

数据湖ADA/ALAN

星展银行的人工智能协议（称为ALAN）旨在建立一个标准化协

议，以：

- 启用支持迭代改进的通用工作方式。
- 鼓励创建可重用资产。

ALAN强化了整个银行的最佳实践，并使用各种工具改进了风险的跟踪和控制。

控制塔

控制塔能够实时监测客户旅程。机场式的控制塔里只有几个人负责管理所有的技术活动，他们能够监督一切，实时管理出现的异常情况。团队用机场式的控制塔来解释实时监控的必要性，"依据昨天的请求来处理今天跑道上的碎片是没有意义的"。

> 控制塔能够实时监测客户旅程。

控制塔中的一些成员在数据的驱动下进行实时管理，并处理异常情况。其他人则支持业务增长，分析数据以改善客户旅程，监督、管理和控制风险，从而使业务照常进行。今天，团队在召集会议时会毫无意外地使用控制塔会议。

在控制塔会议中，员工会讨论一系列关键议题的进展情况，包括：

- 需求管理和人力资源管理。
- 客户旅程和客户行为。
- 现场实验和活动。

- 系统稳定性，包括智能通知和警报。

- 问题预防。

　　控制塔的价值在于它提高了客户利润贡献度，并使员工在工作中感到快乐。它还有助于优化活动，坚持"黄金路径"，提前解决问题，实现人力自动化，挖掘实时洞察，以及在经营中保持竞争优势。如今，星展银行已经建立了一个统一的、可扩展的数据平台，拥有400多个分析用户、一个分析沙箱，以及一个有助于价值获取的数据工厂。大约60%的相关数据可以从其中一个渠道获取。星展银行使用预测技术，在合适的时间向客户提供合适的产品，并通过数字化方式改变他们的行为。

　　星展银行还建立了一个卓越分析中心。它拥有150多个先进的分析项目和18000多名员工，其中包括1000多名接受过数据分析培训的管理者，以及1400多名解读数据的"数据英雄"。

第十九章

尝试并承担风险

在传统的银行，人们总是希望能够降低风险。但为了促进数字化转型的成功，星展银行的管理层鼓励冒险，像初创企业一样行事，并对实验持开放态度。那些想要守住饭碗和奖金的员工都学会了谨慎行事，这和星展银行实施数字化浪潮战略的要求背道而驰。

> 但为了促进数字化转型的成功，星展银行的管理层鼓励冒险，像初创企业一样行事，并对实验持开放态度。

为了鼓励员工尝试并承担风险，星展银行采取了以下方法。

创造安全的实验环境

为了鼓励员工尝试并承担风险，管理层要给员工设定一个合理的预期。他们一开始并没有让员工为每一项实验的成功负责。他们鼓励员工参与任何层面的变革，并认可员工做出的尝试，从而释放了员工的能量、创造力和想象力。事实证明，这促进了客户旅程和数据分析等的发展。

> 他们一开始并没有让员工为每一项实验的成功负责。

管理者还意识到，对失败的恐惧可能会阻碍创新，而且在成功之前总会有一些失败的实验。

为了减少员工对失败的恐惧，并创造一个可以安全地进行实验的环境，星展银行引入了心理安全的概念。心理安全的概念由哈佛商学院诺华领导力与管理学教授艾米·埃德蒙森（Amy Edmondson）提出。管理层致力于创造一个安全的实验环境，正如以下这些成功变革的例子所示。

改变客户呼叫中心的使用习惯

一个有趣的实验是，呼叫中心鼓励客户使用在线数字解决方案，而不是拨打呼叫中心的电话。一开始，他们会为来电客户播放这句话"如果您想以更快的数字方式完成咨询，请按……"。当客户听从指示操作时，就会获得银行的网站地址。通过数字化的方式转接大量客服来电，可以在降低呼叫中心成本的同时，为客户提供更快的服务。第二句话是"请您稍等片刻"。他们还测试了两句话之间的停顿时间。

团队分别测试了1秒和5秒的暂停时间。暂停5秒时，选择访问网站的客户比暂停1秒时多9%。团队还试着添加了"避免排队"的选项，并在5秒暂停期间播放，这让选择访问网站的客户人数又增加了6%。

然后，他们尝试暂停10秒并播放音乐。结果，因为人们喜欢音乐，这并没有提高网站的访问率。在两句话之间停顿5秒的方案让数字化获得了最高的采用率。2019年，随着越来越多的客户使用实时聊天和社交媒体来获取服务，呼叫中心的使用率下降了8%。

分支机构的虚拟现实服务

这个实验为客户引入了虚拟现实（Virtual Reality，VR）服务。当戴上VR眼镜时，他们可以看到他们希望的20年后的生活方式，进一步计算出自己还需要为退休后的生活攒多少钱。在四个关键的生活领域，包括餐饮、交通、旅行和家庭，他们可以计算出为了满足他们理想的生活质量，他们需要多少退休基金，并开始朝着目标努力。

视频柜员机

2019年，星展银行推出了新加坡首台视频柜员机（Video Teller Machines，VTMs）。通过机器进行交易，客户可以获得更私人的空间。此外，他们还可以从位于银行总部而不是分支机构的柜员那里获得面对面的帮助。全天候的视频柜员机能够取代银行卡和安全令牌。

最初，星展银行认为新技术更适合年轻员工，于是尝试让年轻员工担任视频柜员机的柜员。实际上，习惯使用Skype的年长员工更愿意为视频柜员机服务。

《火花》系列在线迷你剧

星展银行对失败持开放态度的实验文化，促成了《火花》系列在线迷你剧的诞生。

如果读者还没有看过星展银行的《火花》，可以在继续阅读之前先看一看。（可以在Facebook或YouTube上观看。）这部在线迷你剧取材于真实的客户故事，帮助星展银行在社交媒体世界传递关键信息。通过这种方式，市场营销团队能够以一种感人的方式分享相关的故事。

团队的创业文化和实验精神推进了这个想法，并得到了高博德的认可。这一精心准备的博弈获得了惊人的回报。高博德甚至在第一季第八集中进行了客串，而著名的板球运动员萨钦·泰杜尔卡（Sachin

Tendulkar）在第一季和第二季都有客串。

这部迷你剧以一种惊人的创新方式展现了银行的风格和理念（例如，金融科技的颠覆性、星展基金会的工作、生活比商业更重要，等等）。自开播以来，星展银行已经成立了内部的工作室来制作这部迷你剧。

正如高博德所说的那样，《火花》体现了一种全新的市场营销思路。它不是自上而下推动的，相反，它是由市场营销团队推动的。他指出，《火花》将内容和社交媒体结合在一起，实现了强大的品牌价值。

《火花》的两季播放量达到了2.76亿次，互动次数达到了5000万次（包括点赞、评论和分享）。星展银行在网上收到的近10%的提问都与之相关。例如，与2019年相比，2020年星展银行主页的访问量增加了40%。因为人们认为《火花》很酷，这对银行的招聘也起到了作用。《火花》被认为具有行业首创性。开播第一年，这部迷你剧就拿下了亚太区卓越奖的最佳电影和视频奖项。2017年10月，在全球"Efma-埃森哲保险创新大赛"颁发的发行与营销创新奖上，它拿下了数字营销金奖。这是星展银行首次获得该奖项，体现了实验的创新性和重要性。

2018年，作为星展银行在新加坡建行50周年庆典的一部分，新加坡总理李显龙观看了特别制作的《火花》音乐剧，该音乐剧向银行的先驱和员工致敬。第二季的播放量超过1.44亿次，这让星展银行网站的访问量比第一季多了一倍。

如果星展银行没有发展鼓励实验的文化，并愿意承担失败的风险，《火花》系列永远不会获得批准。

这表明，在解决客户问题时，银行家可以挑战现状，从而超越现状；同时也表明，星展银行致力于了解客户关心的问题，从而让银行业务与客户的日常生活无缝融合。

赋予员工权力

星展银行的管理层在团队中掀起了数字化浪潮，同时赋予员工权力，并鼓励员工以各种方式进行实验。以下是三个极好的例子。

智能老年人项目

星展银行希望开发学校和军队这两个新市场。（在新加坡，男性义务服兵役，所以目标人群相对较大。）在与一位政府高级官员会面时被告知，该银行正在努力解决新加坡最困难的两个领域，但很难成功。

尽管如此，管理层还是授权一个团队对学校的银行业务进行数字化。这包括与教育部、学校校长、教师、家长、孩子和供应商进行交流。而这仅仅是为了获得一所试点学校的批准！

这个艰巨的挑战可能会消耗很多时间和精力，但是星展银行采取了实验思维，希望能够"百花齐放"。正如之前解释的那样，让学校业务数字化的理念很快变成了一个名为"智能伙伴"（POSB Smart Buddy）的项目。在它成功推出后，一位政府官员询问星展银行是否可以为老年人做一个类似的项目。比如，跟踪痴呆症患者，防止他们走丢之后没有人知道他们在哪里。

为了解决老年人的问题，智能老人项目（POSB Smart Senior）应运而生，这是世界上第一个为老年人开发的一站式健康和支付项目。它以一款全新的数字设备POSB Smart Sleeve为特色，拥有交通、支付、健身和基于位置的跟踪等多种功能。

员工设计的呼叫中心应用程序

呼叫中心应用程序的设计，是星展银行让员工参与运营管理的一个经典例子。2015年，客户呼叫中心确定并着手解决了5个关键的客户痛点。团队开发了自己的应用程序，利用开源工具解决了这些痛点。这款应用程序帮助呼叫中心的员工建立了一个社区，并整合了绩效指标，让他们能够跟踪和控制自己的绩效。

呼叫中心的员工并没有止步于此。他们建立了自己的奖励系统。

结果，这款应用程序不仅帮助员工解决了客户的痛点，还在早期建立了一种数字化的参与感，并展示了"让银行业务充满乐趣"的可能性。随后，银行的其他呼叫中心也推出了这款应用程序。

后来，这款应用程序还增加了协商轮班等功能。在旧的系统中，员工的轮班安排是被提前确定的。这意味着他们必须在办公室检查时间表，并当场与其他人协商能否倒班。现在，有了应用程序上的这个功能，员工可以在家里查看自己的轮班情况，或者因为特殊情况与其他人协商倒班。这款应用程序可以让他们在当天就得到回复，获得了员工的青睐。

信用卡年费

客户要求银行免除他们的信用卡年费，这在银行里十分常见。呼叫中心团队被授权决定能否免除客户的信用卡年费。虽然年费保持不变，但银行的服务水平有所提高，因为客户收到的是及时回复，而不是被告知"有人会回复你"。

过去，当客户投诉金额较小，甚至低至1新元时，呼叫中心都要去相关业务部门取得许可才能解决问题。如今，呼叫中心的员工有权处理客户的诉求，最高可达100新元。这一改变提升了员工的敬业度和自豪感，因为他们有权当场解决问题。

这些变化证明并加强了银行对员工的信任，"让银行业务充满乐趣"。

奖励恰当的行为

作为员工旅程的一部分，银行推出了各种奖励，以鼓励员工的恰当行为。下面是其中的两项。

"iTQ"（I Thank You）奖

这是一个在线的点对点识别的程序，它允许员工随时随地向其他人表示谢意。

每个员工都有2000个iTQ积分，每次可以通过数字渠道给予其他员工100分，给分的同时会附上与银行价值观相关的个人信息。员工可以使用积分兑换医疗健康活动等福利。

"敢于失败奖"

为了创造鼓励冒险、无畏失败的环境,星展银行设立了"敢于失败奖"。这个奖项积极地肯定了那些在尝试中取得早期成功的人,鼓励员工追求创新。为了鼓励恰当的行为,高博德在展厅展示了"敢于失败奖",还每隔几个月回顾新的项目,以及许多成功或失败的案例。总的来说,大约10%的经验得到了推广。

> 为了创造鼓励冒险、无畏失败的环境,星展银行设立了"敢于失败奖"。

敏捷、成为学习型组织、客户导向、数据驱动、实验这五大创业文化深深地嵌入了星展银行的DNA。在实施数字化浪潮战略的同时,管理层意识到他们在社区中所扮演的角色。这推动了第三个浪潮战略的实施——可持续发展浪潮战略。

思考题

1. 如何创造鼓励恰当的行动来实施数字化转型的环境?

2. 如何改变文化?

3. 实现数字化需要改变员工的哪些思维方式?

4. 如何减少组织的官僚作风?

5. 如何让会议更有效率?

6. 如何鼓励员工进行实验?

7. 如何创建一种心理安全的文化?

8. 可以设置什么奖项来介绍失败的经验?

9. 如何让所有职能部门和员工采用敏捷方法?

10. 如何在整个组织中创建"数据第一"的文化?

11. 在整个组织中使用数据,需要什么样的治理方法?

12. 如何确保数据是战略和运营决策的核心?

13. 员工需要哪些技能培训,才能更熟练地使用数据?

第二十章

可持续发展浪潮战略

最近，星展银行的愿景从"成为世界最佳银行"转变为"为更好的世界做最好的银行"。管理层正在努力构建超越银行的宏大愿景。这一变化催生了可持续发展浪潮战略——这是一项关注不平等、新的社会规范和地球的未来的倡议。在21世纪，所有这些问题都变得越来越重要。在可持续发展浪潮战略中，星展银行希望改善社区的不平等现象。

新视野

星展银行的管理层通过考虑以下几个关键因素，达成了这个新愿景——为更好的世界做最好的银行：

- VUCA。

- 社会经济环境中的断层线。

- 企业的"英雄与恶棍"框架。

VUCA

VUCA已经成为一个常见的商业术语，用来描述组织面临的波动性（Volatility）、不确定性（Uncertainty）、复杂性（Complexity）和模糊性（Ambiguity）。这个术语起源于冷战时期——这个时期通常从第二次世界大战结束到1991年苏联解体，由美国陆军提出。组织需要不断地处理VUCA事件，无论是内部还是外部，这些事件或消极或积极地影响着它们。管理层认识到VUCA的环境让他们的决策变得更复杂，他们希望做出对银行和社区都有好处的决策。

社会经济环境中的断层线

2018年，乐施会发表了这样一份声明："不平等作为一个社会、政治和发展问题已经上升到公共议程的顶端，它对社会、环境和经济可持续性的破坏性影响，以及它与贫困、不安全、犯罪和仇外心理的联系，得到了广泛的认同。"这就带来了这样一个问题："解决这个问题的最佳方法是什么？"

2008年全球金融危机之后，社会经济环境中的断层线变得更加明显。此外，有产者与无产者之间的紧张关系加剧。全球金融危机几年后的"占领华尔街"运动，凸显了拥有世界1%财富的人和控制99%财富的人之间的差异。

2020年，新冠疫情大流行将这种不平等的关系推向了新的高度，暴露了个人、社会和经济的脆弱性。比如，新兴国家和发展中国家在向老百姓提供经济刺激方案和新冠疫苗方面的差异。

> 疫情加剧了各国内部的社会经济断层，迫使各国政府将更多财政资源用于穷人。
> ——高博德（星展银行首席执行官）

对于星展银行来说，它的目标已经超越了与同行竞争（有限博弈），而是不断进化，并在这个过程中创造更大的价值：为更好的世界做最好的银行（无限博弈）。

2020年，西蒙·斯涅克（Simon Sinek）出版了《无限游戏》（*The Infinite Game*）一书，重点讨论了如何解决社会经济环境中的断层线问题。

> 对于星展银行来说，它的目标已经超越了与同行竞争（有限博弈），而是不断进化，并在这个过程中创造更大的价值：为更好的世界做最好的银行（无限博弈）。

星展银行不断地叩问自己是否有足够宏伟的愿景，同时认识到如何努力为更好的世界做最好的银行。它认识到，作为一家银行，它有能力：

- 为真实的人做真实的事情，丰富生活。

- 促进企业转型和增长。

- 通过支持社区发挥作用。

- 对整个社会负责。

可持续发展浪潮战略让管理层进一步思考他们为谁工作以及他们为什么工作——是为股东或利益相关者工作吗？这也是"股东资本主义"与"利益相关者资本主义"之间的争论。

从股东的角度来看，股东价值最大化是组织的责任，而社会公益的责任属于政府，政府比企业更适合这个角色。星展银行的管理层认识到，股东和利益相关者之间的价值权衡，归根结底是一个时间框架问题。在短期内，可能存在一种感知上的权衡。但如果拉长时间线，认为企业的运营需要得到社会的许可，那么两者之间的冲突都会消失。从长远来看，正确的做法是支持包括股东在内的诸多利益相关者，这样就没有必要做出价值权衡。

组织的愿景从为股东工作转变成为利益相关者工作,由此需要一份新的宗旨声明。

企业的"英雄与恶棍"框架

2019年,美国181名首席执行官正式签署了《公司宗旨声明》,这进一步证实了星展银行正在朝着正确的方向前进。首席执行官承诺他们的组织将使更多的人受益,而不仅仅是股东;他们将利益相关者的利益提升到与股东利益同等重要的水平。参会的首席执行官讨论了目标和盈利是互相竞争还是可以共存。他们一致认为,虽然每个组织都服务于自己的企业目标,但所有组织都对所有利益相关者有一个基本的承诺。具体而言,这些首席执行官在以下方面做出了承诺:

- 为员工进行投资。
- 为客户提供价值。
- 与供应商进行公平且合乎道德的交易。
- 支持他们所在的社区。
- 为股东创造长期价值。

> 这一新的声明更好地反映了当今企业可以且应该如何运营。
> ——亚历克斯·戈尔斯基(Alex Gorsky,强生董事长兼首席执行官)

2019年,克劳汀·加滕伯格(Claudine Gartenberg)和乔治·瑟拉菲姆（George Serafeim）在《哈佛商业评论》的一篇文章中指出，研究表明，具有高目标的组织的市场表现要比平均水平高5%~7%。这与那些有着一流治理和创新运营能力的组织是一样的。

星展银行的管理层已经认识到了企业由目标驱动的重要性。他们不只关注短期利润，而是要为整个社区创造价值。此外，他们认为商业领袖需要同时接受监管部门和社会的监督。

从长远来看，组织不应该只带来短期利润，而应该能够为几代人创造价值。

> 他们不只关注短期利润，而是要为整个社区创造价值。

过去十年，管理层持续地投入了大量的时间和精力，成功地贯彻了每个战略，包括可持续发展浪潮战略。同样，让世界更美好的理念已经深深扎根于星展银行的精神之中。

可持续发展计划的三大支柱

为了成为目标驱动型银行，管理层构建了可持续发展的三大支柱。它们是：

- 负责任的银行。

- 负责任的商业行为。

- 创造社会影响。

负责任的银行

星展银行努力提供促进可持续发展的产品和服务，同时以公平和负责任的方式开展业务。以下是一些例子：

- 2019年，星展银行停止了所有燃煤电厂的融资业务。

- 在贷款业务中，采用负责任的融资方式，支持客户以可持续的低碳商业模式发展。改善客户获得ESG［环境（Environmental）、社会（Social）和公司治理（Corporate Governance）］投资的渠道。星展银行认识到，为没有能力减轻ESG风险的客户提供融资，可能对银行和社会有害。

- 在贷款和资本市场运作时关注气候变化及其相关指标，鼓励和支持低碳经济。对客户进行ESG风险评估时，考虑气候相关风险。

- 在涉及ESG问题的原则和管理方法中，纳入信用风险政策。推出可持续金融产品，如与可持续发展挂钩的贷款，为企业提供改善环境和碳足迹的激励措施。例如，2019年，星展银行与PT Sumatera Timberindo Industry（印度尼西亚领先的优质木质家具门制造商）合作，共同开发了印度尼西亚首笔出口融资可持续挂钩贷款。该笔贷款的评估依据是该制造商从公认渠道获取木材原料的能力。每运送一次经森林管理委员会核证的原材料，贷款利率就会降低。

- 可持续发展浪潮战略的早期成功案例包括与HeveaConnect（天然橡胶生产商的数字交易市场）的合作，这是一个可以追溯橡胶供应链透明度的生态系统平台。星展银行还与Agrocorp（领先的综合农产品和食品解决方案提供商）合作，创建了一个区块链交易平台，为Agrocorp的供应链参与者提高效率、节约成本和提高透明度。

- 总的来说，管理层鼓励客户参与环保和社会实践。如今，对于任何信贷申请，星展银行都会请关系经理检查每个借款人的ESG风险评估情况。它还会对企业客户进行评估，其中可能包括实地考察或认证要求。

2020年，星展银行负责任的工作亮点包括：

- 可持续融资增加超过80%，其中50笔可持续融资交易金额达96亿新元。到2024年，星展银行希望能够达成500亿新元的可持续融资额。

- 房地产开发商和投资公司香港置地与星展银行达成协议，将现有的10亿港元五年循环信贷额度转换为可持续挂钩贷款。

- 管理资产总额的8%~10%被用于可持续投资。

- 为了帮助重点行业客户的低碳转型，星展银行引入了可持续发展与转型的金融框架，这是世界上第一个被银行认可的框架。

- 支持"零食物浪费"运动，提高人们对这一问题的意识，重新分配可能被浪费的多余食物，减少了超过20万公斤的食物浪费。

- 完成96亿新元的可持续融资交易，比2019年增长了81%。

- 在彭博社的亚洲绿色贷款排行榜上排名第一。

- 连续三年入选道琼斯可持续发展指数（亚太）。

- 连续四年入选FTSE4Good全球指数。

星展银行还为那些无法获得融资的人提供服务。根据世界银行的数据，全球约有17亿人无法获得基本的金融服务。针对这一部分人群，星展银行没有使用传统的小额融资产品，而是利用自己的数字金融平台，让融资变得更加容易，包括使用人工智能、移动平台、区块链等技术。数字金融平台有着更低的交易成本，让获客变得更简单方便，有助于触达服务不足的细分市场。

本书前面提到的许多倡议部分是由可持续发展浪潮战略推动的，包括：

- POSB Smart Buddy是世界上第一个为孩子设计的可以戴在手腕上的在校储蓄和支付项目。它帮助孩子们培养理财意识。

- 星展银行的digiPortfolio，内部混合的人工—机器人投资解决方案，有助于财富投资的普及。

星展银行总计为可持续相关贷款、可再生和清洁能源相关贷款以及绿色贷款提供了超过150亿新元的负责任的融资。绿色贷款专门用于能效、污染防治等领域，为符合条件的绿色项目提供融资。

> 星展银行总计为可持续相关贷款、可再生和清洁能源相关贷款以及绿色贷款提供了超过150亿新元的负责任的融资。

负责任的商业行为

星展银行希望在可持续采购中提高员工的参与度,通过他们的协作来改善业务运营情况。它的重点是,让公司最重要的资源——员工——做正确的事情。例如,设立"劳动力转型奖"(Workforce Transformation Award)和引入"及时反馈"(Anytime Feedback),帮助员工寻求在工作中成长、提高的建议。

> 让公司最重要的资源——员工——做正确的事情。

此外,星展银行为员工提供ECG培训,让他们更好地理解什么是负责任的融资。例如,星展银行专门为关系经理提供关于人口贩卖和现代奴隶制的培训,从而提高员工对新问题的认识,增强员工对预警信号的认知,增进员工与社区的联系。

负责任的业务实践还包括确保员工能够通过调整投资规模来培养技能,逐步构建开放的文化。

星展银行还支持性别和文化多样性项目。例如,它在印度推出了一个名为EmpowerHer的项目,专门支持女性员工的学习和成长。它还推出了iHealth@DBS项目,鼓励员工过得好、吃得好、住得好、存得好。它还鼓励员工自愿参加可持续发展活动。例如,在印度,员工自愿种植了200棵美洲红树的树苗。星展银行还支持减少碳足迹的活动。

> 可持续发展总是围绕着人、地球和利润展开。在我看来,很长一段时间以来,我们忘记了"人"的存在。
>
> ——米克尔(Mikkel,首席可持续发展官)

创造社会影响

星展银行希望通过支持社会企业,发展具有双重底线的业务(第二个底线衡量的是其在社会影响方面的积极表现),回馈所在的社区,成为一股"向善的力量"。

2014年,在新加坡建国50周年之际,星展银行成立了星展基金会,启动基金是5000万新元。这标志着星展银行致力于服务新加坡不断变化的社会需求。具体而言,它一直在倡导社会企业精神,鼓励企业追求美好。其目标始终是建设一个更具包容性的亚洲。

星展基金会成立的基础是星展银行于2009年启动的社会企业一揽子计划。星展银行社会企业一揽子计划为社会企业提供了低成本的银行解决方案,如开户最低余额为零和优惠利率的无抵押贷款等。

基金会的工作涵盖创业挑战、学习论坛、赠款资助、融资和熟练的志愿者指导。星展银行通过这种方式支持社会企业精神——企业不仅有财务上的盈利底线,而且有社会层面的影响力底线。星展银行回应社会关切问题,在解决无数社会问题上发挥着关键作用。具体来说,星展银行基金会:

- 通过竞赛、挑战、训练营、工作坊、学习论坛等方式倡导社会企业精神。

- 通过赠款资助、能力建设和指导培养有前途的社会企业。

- 将社会企业精神融入银行的文化和运营中。

2019年，星展基金会与新加坡管理大学合作推出了首届星展基金会社会影响力奖，旨在寻找可持续、可扩展、进取的商业解决方案，解决关键社会问题，使城市的未来更包容、更健康、更绿色。

星展基金会已向新加坡的60多家社会企业提供了超过550万新元的赠款资金，覆盖了医疗保健、社会包容、环境保护、废物管理和粮食可持续性等领域。在2018年和2019年福布斯"30 under 30"名单中，有8位星展基金会支持的社会企业家上榜。2019年，新加坡总统肯定了星展基金会在支持社会企业解决各种问题方面所做的努力。

然而，坚持负责任的商业实践并不容易，特别是在追求某些可持续发展目标的过程中出现明显的冲突时。例如，对于确定一个行业是否产生了正面或负面的影响，净影响评估至关重要。但因为缺乏一致的衡量标准，这也很难辨别。

尽管如此，星展银行主动制定了一个可以衡量影响力的框架，衡量其贷款产生的影响。例如，通过对棕榈油客户实施严格的ESG要求，减少环境和社会问题。正如第二十章所讨论的，可持续发展浪潮战略让星展银行在应对新冠疫情大流行中经受住了考验。

在可持续发展方面的努力得到的认可

星展银行的可持续发展浪潮战略已经得到了广泛的认可。星展银行被评为首届"年度社会企业冠军",并被纳入彭博性别平等指数(连续四年)、FTSE4Good全球指数(连续四年)和道琼斯可持续发展指数(连续三年)。

星展银行已经采用了赤道原则。该原则将跟金融相关的尽职调查与环境和社会挑战联系起来,并遵循符合国际金融公司绩效标准的尽职调查程序。

第二十一章
应对新冠疫情大流行

星展银行在新冠疫情期间承担了大量的社会责任。

在新冠疫情大流行的第一年，星展银行为个人、企业、社区和员工提供了一系列支持措施，重点包括提供安慰和支持，给予强有力的承诺，体现了银行向善的力量。

星展银行的关键支持举措包括为零售客户提供支持，为企业客户提供现金流，用数字化解决方案帮助客户，与员工站在一起，为社区尽自己的一份力，让运营更具弹性，支持大规模的远程办公。

星展银行推出以下举措，落实对客户的承诺：

- 星展银行展爱同行专项基金。

- 承担社会责任。

- 为社会企业提供现金流和技能培训。

星展银行展爱同行专项基金

星展银行展爱同行专项基金（DBS Stronger Together Fund）旨在帮助亚洲地区受新冠疫情较重影响的社区。该基金为受影响的人提供了约450万份餐盒和护理包，用于采购诊断检测包、个人防护装备和其他医疗用品，帮助当地抗击新冠疫情。管理层的信念是：大家团结一致，就能变得更加强大，从而战胜这场危机。

星展银行在市场上采取了多种多样的举措，包括：

- 在新加坡，以"一元配一元"（Dollar-For-Dollar）的配捐方式，为老年人、低收入家庭和移民工人提供了70多万份餐食。

- 在中国，在一年内为受疫情影响的社区提供了约170万份餐食。

- 在印度，与非政府组织合作提供公共卫生基础设施，为弱势群体免费检测。

- 在印度尼西亚，捐赠医疗用品和检测包，解决目前的短缺问题。

星展银行提供了在线的业务发展方面的服务，帮助企业保持竞争力。例如，它的在线中小企业学院（Online SME Academy）提供创新、品牌、贸易融资、数字化现金管理和社交媒体参与等方面的课程，为企业提供可操作的指南。

疫情期间，在星展银行，与许多其他组织一样，之前拒绝采用数字渠道的客户做出了转变。例如，由于疫情，60岁以上愿意采用数字渠道的用户是原来的4倍。

承担社会责任

星展银行的管理层认识到，在当前的困难时期，他们有责任加大向贫困人口提供财政援助的力度。星展银行通过以下方式发挥了作用：

- 提供现金流支持——这是疫情期间企业最大的需求之一。

- 降低贷款成本——例如，允许符合条件的客户将信用卡贷款（年利率在20%以上）转换为实际利率上限为8%的贷款。

- 为边缘借款人提供新的贷款类型。例如，新加坡政府为一些中小企业贷款覆盖了高达80%~90%的风险，极大地提高了银行向边缘借款人发放贷款的能力。在这个项目下，星展银行批准了1200多笔贷款，总价值超过10亿新元。

- 帮助客户实现银行业务的数字化。在新冠疫情期间，数字化已经成为趋势。除了基本服务，公司不得不通过远程办公来运作。由于员工居家办公，客户没有必要再去分支机构办理业务。比如，贸易融资在很大程度上依赖于纸质文件，而员工帮助客户实现了贸易融资的数字化。

- 与新加坡科技初创企业Oddle和FirstCom合作，支持食品饮料企业通过数字店面、电子菜单和社交媒体建立在线业务。

- 帮助一些大型政府机构改变支付方式。在封锁的第一个月里，新加坡政府想要减少支票的数量，所以联系了星展银行，希望星展银行可以帮助其改变支付方式。

为外来务工人员开设账户

在新加坡，一个巨大的挑战是，新冠疫情在宿舍区的外来务工人员之间迅速传播。在疫情之前，这一相对较小的群体并不是星展银行关注的重点。然而，需要隔离的外来务工人员给银行造成了困扰，因为这些人习惯于通过分支机构给家人寄送现金。

星展银行与新加坡政府合作，提供了数字化解决方案，在某个周末开设了4万多个外国数字账户，让外来务工人员在隔离期间可以使用数字银行服务。这些外来务工人员在收到开户成功的电子通知之后，就可以通过一款名为POSB Jolly的银行应用程序进行汇款。这款应用程序提供了五种语言，分别是汉语、印度尼西亚语、孟加拉语、英语和泰米尔语，目前已经有超过50万次的下载量了。

> 星展银行与新加坡政府合作，提供了数字化解决方案，在某个周末开设了4万多个外国数字账户，让外来务工人员在隔离期间可以使用数字银行服务。

为社会企业提供现金流和技能培训

星展银行为新加坡超过360家社会企业提供了融资渠道，帮助它们缓解了现金流问题，保护了行业的就业问题。星展基金会承诺为新加坡的社会企业提供50万新元的额外资金，还有免费的商业和数字化转型课程。

在新冠疫情暴发后的几个月之后，星展银行仍然通过账户相关费用、信用卡贷款、进修援助保险和面向儿童的在线视频牌照等举措，继续为客户提供支持。

最后一公里——最后的10%

在应对疫情的过程中，星展银行意识到客户无法在网上完成所有业务。尽管90%的银行活动已经实现了数字化，但它还专注于解决"最后一公里"的问题，方便零售和中小企业客户在家里开展银行业务。当疫情来袭时，星展银行采用了数字化的非接触式服务和解决方案，维持了它的领先地位。

> 星展银行能够做到快速响应，是因为我们采用了技术堆栈、敏捷方法和"二合一"平台。
>
> ——吉米（首席信息官）

星展银行员工

星展银行在一开始就声明不会因为新冠疫情而裁员。考虑到新加坡有一半的分支机构因封锁而关闭，这一声明尤其受到分支机构员工的欢迎。

数字化驱动使星展银行能够快速应对新冠疫情带来的内部挑战。例如，它利用数据分析和人工智能来汇集数据（来自旋转门流量、outlook、Wi-Fi接入、会议室等），并在48小时内创建了一个接触者追踪解决方案。他们之所以能够快速实施第一个解决方案，是因为有明确的项目目标以及团队之间的相互支持。它还能够迅速解决居家办公的员工的安全风险，并在新的工作环境中为员工提供更好的支持。此外，在疫情之前，超过90%的员工已经在使用笔记本电脑，这有助于实现居家办公。

星展银行为员工提供了下列支持：

- 继续支付全薪，包括因封锁期间分支机构临时关闭而无法履行职责的分支机构员工。

- 进行重组，允许多达90%的员工在疫情最严重的时候居家办公。高博德率先采取了居家办公的做法，树立了榜样。

- 提供新的日常工作和居家办公的技巧，支持员工采用新的工作方式。组织虚拟的团队聚餐和健身活动。

- 指导管理层提升团队士气，远程参与团队。例如，在虚拟电话开始时，参与者会对自己的情绪健康程度（从1到10）进行"检查"。

- 发起月度"快乐挑战"，让不同部门的人展示如何保持快乐。

- 为员工提供在线学习项目，提高他们的技能。

- 通过"从内而外的改变"（Inside is the New Outside）的策略，关注员工和客户的行为。

在疫情最严重的时候，星展银行承诺在新加坡招聘2000多人。

虚拟客户旅程

在疫情期间，星展银行如何继续开展客户旅程？以前，员工使用白板和便利贴并肩作战。但现在，由于每个人都在远程工作，星展银行推出了"柠檬水项目"（Project Lemonade），这是一个虚拟的客户旅程研讨会。在接触其他组织后，他们认为最好的选择是开展虚拟研讨会。随后，管理层将现有的客户旅程研讨会重新设计为虚拟的会议。他们只用7天就完成了这一任务！

组织的文化灵魂

从封锁的第一个月开始，管理层就开始关注业务的挑战。

2020年年底，高博德表示，疫情期间最大的挑战之一是保持组织的文化灵魂。他的工作重点是应对疫情带来的心理影响，提高组织的凝聚力。

> 2020年年底，高博德表示，疫情期间最大的挑战之一是保持组织的文化灵魂。

为了缓解员工在家整天对着屏幕的孤独感，星展银行推出了一个名为"在一起"（Together）的项目。在这个项目中，每个人都有一个伙伴，有组织地在休闲时间一起玩虚拟游戏，或者在晚上进行远程社交活动。

2020年年中，星展银行成立了一个专门思考未来工作形式的工作组。工作组明确了发展混合工作模式的必要性。由于新冠疫情，员工现在可以线下办公或者居家办公。事实上，员工有多达40%的时间可以居家办公。

工作组还指出，未来的工作中，敏捷团队需要更加灵活。因此，星展银行持续地促进传统职能部门向数据驱动的项目小组过渡。小组成员来自不同的职能部门，具有相关专业领域的专长。此外，工作组还明确了重新设计协作空间的必要性。因此，星展银行持续地重构基于活动的工作空间Joy Spaces。在新加坡总部，它还推出了一个5000平方英尺（平方英尺≈0.09平方米）的Living Lab，促进物理空间和虚拟工作空间的最佳融合。

星展银行一直强调培育企业文化的重要性。例如，新员工必须花时间去办公室，培育他们的社会资本。任何表现不佳的员工都要去办公室接受培训。

星展银行还提供了一种工作分享计划，将一份全职工作分配给两名员工，支持那些想要灵活工作的员工。

星展银行在新冠疫情期间为支持利益相关者而采取的非凡举措，无疑将在未来产生巨大的效益。

附录A

进入数字化平台,体验数字化转型的系列互动活动。

主题演讲:世界一流的数字化转型经验

该主题演讲分享了星展银行如何通过数字化从传统银行转型为世界最佳银行。它重点展示了星展银行如何成为一个拥有2.9万名员工的初创企业,如何推动其技术核心转型,如何做到客户导向——银行数字化转型的三大战略原则。此外,还包括星展银行在实施战略方面的不同做法,以及斯佩克兰《世界最佳银行》一书中的最佳实践。

工具箱

斯佩克兰的丛书三部曲,可以指导管理层如何克服数字化转型的高失败率。书中包含的工具有:

- 如何做:卓越的执行力——如何实施你的战略

为商业领袖提供成功执行战略所需的要素和方法。

- 工作手册：182个数字化执行问题——战略实施从正确的问题开始

通过本书提出的正确问题，帮助领导者在组织的战略规划过程中制订全面的执行计划。

- 深度案例研究：世界最佳银行——数字化转型战略指南

解释组织如何通过关键学习和最佳实践进行数字化转型。

星展银行：通过数字化转型成为世界最佳银行——哈佛商业案例研究

适合团队通过案例研究学习数字化转型课程。

视频库

该视频库包含32个时长3分钟的视频，展示了星展银行数字化转型的关键教训。除了32个视频，还有19页指南，介绍了教学关键信息、基本问题和最佳实践，并为本书提供参考，用于获取更多信息。

40项数字化最佳实践

可以根据数字化转型的四个部分对组织进行评估，分别是：战略、技术、客户和文化。

数字化成熟指数

允许客户评估自己的数字化成熟度。

课程：星展银行"让银行业务充满乐趣"

这个引人入胜的、信息丰富的、富有启发性的一日研讨会或者说是四个虚拟模块，深入介绍了星展银行是如何转型为世界最佳银行的。它的独家见解、最佳实践和故事非常有特色。

本课程面向希望了解如何成功实现数字化转型的领导者。他们将学习世界上领先的数字化转型经验之一，内容包括战略指南、挑战和最佳实践。

课程包括哈佛大学的星展银行案例研究（由斯佩克兰合著）和两项课前评估。

在线课程与认证的战略与实施

数字化转型不仅涉及技术的采用和融合，也涉及战略的实施。为了支持员工的发展，这个为期三个月的兼职在线课程提供了成功实施战略的工具、技巧、技术和知识。

致 谢

2018年，我开始着手撰写本书。随后，我投入了大量的时间，用于研究和撰写星展银行的数字化转型故事。2020年年初，我完成了初稿，然而由于新冠疫情的全球大流行，我决定推迟这本书的出版。2020年年底，我不仅更新了手稿，还增加了最后两章关于可持续发展浪潮战略和新冠疫情大流行的内容。

本书的撰写和出版是一个漫长的过程。期间，我得到了大量的支持和帮助。在此，我要感谢我的同行者。最重要的是，我要感谢我的妻子格蕾丝·凯利，感谢她在嫁给一位作家（同时也是一位企业家）的过程中所表现出的耐心。感谢我自己花了数年的时间来写这份手稿。

感谢罗恩·考夫曼，25年来，他一直是我的朋友和导师。他指导了本书的方向，在设计封面时对细节颇具洞察力，为本书带来了巨大的价值。

很荣幸能与我的编辑芭芭拉·麦克尼克尔共事15年。我们再一次合作，从头到尾编辑这份手稿。在这个过程中，芭芭拉的反馈帮助了我的写作。我不断向她学习，感谢她对本书细致入微的指导和推荐。加里·伯曼在阅读时非常注重细节，他还好心地校对了这份手稿，并提供了荐语。感谢米歇尔·珍娜再次提供初步反馈。

我的朋友大卫·艾萨克斯是营销专家，感谢他与我就本书的定位进行了无数次的交流。受他的启发，我为本书开发了一个平台，而不是把它作为一个单一的产品来销售。

感谢帕姆·诺德伯格，他协助了本书的校对工作。同时，我还要感谢里克·查佩尔，他和我一起完成了封面设计，也感谢托尼·邦兹在设计和上传手稿时对细节的关注。

最重要的是感谢您购买了本书，并参与了平台体验。